침묵의
카르텔

침묵의 카르텔

시민의 눈을 가리는 검은 손

이은용 지음

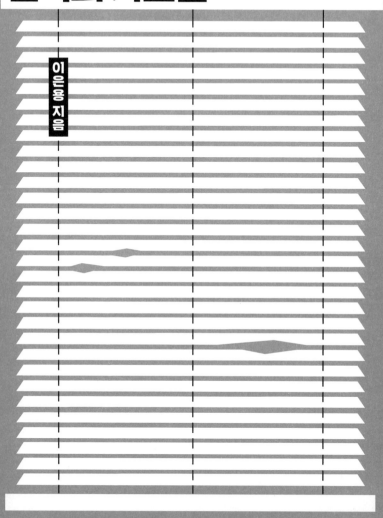

· **일러두기**
- 사람 이름 대신 쓴 알파벳은 소리에 빗대지 않고, 나오는 차례에 따라 순서대로
  매겼다.
- 제보자 X, Y, Z도 소리에 빗대지 않았다. 앞선 인물과 뚜렷이 나누려고 알파벳
  을 당겨 썼을 뿐이다.

침묵(沈默)

1. **명사** 아무 말도 없이 잠잠히 있음. 또는 그런 상태.

2. **명사** 정적(靜寂)이 흐름. 또는 그런 상태.

3. **명사** 어떤 일에 대하여 그 내용을 밝히지 아니하거나

   비밀을 지킴. 또는 그런 상태.

4. **명사** 일의 진행 상태나 기계 따위가 멈춤. 또는 그런 상태.

머리말
침묵의 벽 앞에서

기자로 산 내게 '침묵'은 벽이었다. 그 벽은 아무 말 없이 가만히, 고요해 괴괴한 채로, 속내를 밝히지 않고 비밀을 가둬둔 채, 해 나가던 일을 멈추게 만들었다. 쉬 무너뜨리거나 허물기 힘든 고비로 내 앞에 버티고 서기 일쑤였다. 한두 말마디면 넉넉할 텐데 기어이 어금니 사리물며 가만히 돌아서는 벽. 여럿이서 미리 입 맞춰 이리 고요하고 저리 괴괴한 벽. 벽 뒤에 숨어 앞 벽을 받쳐 버티는 벽. 겹겹의 벽이 나를 둘러싸고 있었다.

벽과 맞닥뜨렸을 때 낮은 것 한두 개를 뛰어넘기도 했다. 더러 한두 개는 제 스스로 허물어지기도 했다. 하지만 열에 여덟 아홉은 높고 단단해 좀처럼 무너질 줄 몰랐다. 나는 그저 두드리고 귀 대며 어쩌다 벽 속내가 들려오지 않을까 조바심했다. 특히 지치지 않는 게 열쇠였다. 꾸준히 두드리다 보면 곧바로 다 무너지지 않더라도 벽 한쪽에 작은 틈이나 쪽문 같은 게 생겨났다. 그래 봤자 곧 그 자리에 또 다른 벽이 솟았을 뿐이지만.

그곳에 벽이 서 있었는지조차 알지 못한 적도 있다. 그게 벽이었는지 까마득히 몰랐다가 한참 뒤에야 귀띔이 오기도 했으니까. 2004년 1월 말부터 2006년 11월 초까지 2년 10개월쯤 노무현 정부 과학기술부를 드나들던 나는 여러 공무원의 '앓던 이'였다. 취재하러 드나들 곳이 노무현 정부 방송위원회와 정보통신부, 문화관광부로 바뀌었을 무렵 과학기술부 한 공무원이 정보통신부 대변인에게 "앓던 이가 빠진 느낌"이라고 말했다는 이야기를 나중에 전해 들었다. 앓던 이 빠진 느낌이라니. 걱정거리가 사라져 후련하다는 뜻 아니던가. 몹시 아파 마음에 근심이 될 만큼 괴로웠던 기자놈. 피식피식. 나는 과학기술부 공무원 말을 즐겁게 되새기며 웃었다. '앓던 이'는 내게 빛나고 아름다운 영예였으니까. 내 삶이 기자답다는 걸 보여주는 증거로 읽혔다.

기꺼운 웃음이 오래가진 않았다. 그게 곧 벽인 걸 깨달았다. 과학기술부 공무원 여럿이 자기 속내를 들키지 않으려 나를 '앓던 이'로 여긴 거였으니까. 벽 너머는 시민의 알 권리로부터 얼굴을 돌린 단단한 침묵 카르텔이었으니까. 쓸쓸했다.

벽은 취재 현장에만 있지 않았다. 현장에서 비롯한 벽이 신문사 안으로 파고들어 내 앞을 막아섰다. "기사가 그렇게 나가면 저희가 많이 어렵다"거나 "이번 한 번만 봐달라"는 현장 관계자의 하소연이 그저 말에 머물지 않고 높은 벽이 되어 나타났다. 하소연은 대개 권력과 자본의 가면이었다. 하소연인 듯하되 사실은 은근히 으르는 벽. 2014년 4월 세월(SEWOL) 참사 보도를 두고 박근혜 정부 홍보수석비서관 이정현이 KBS 보도국장 김시곤에게 하소연한 듯싶되 사실은 은근히 으른 것처럼. 2015년

2월 박근혜 정부 국무총리 후보였던 이완구가 기자들과 마주한 채 "내가 얘기하면 기자가 (인사 조치 따위로) 자기가 죽는 줄도 모르게 죽을 수 있다. (내가 언론사) 윗사람들하고 다 관계가 있다. 간부에게 얘기하면 (기자) 보직을 바꿀 수도 있다"고 으른 것처럼.

하소연했음에도 "기사가 그렇게 나가면" 권력 입김이 언론사 인사에 닿아 기자가 자리를 옮길 수도 있다. 실제로. 하소연했음에도 봐주지 않으면 기업 광고가 끊겨 기자가 자리를 옮길 수도 있고. 하여 "저희가 많이 어렵다"거나 "이번 한 번만"은 절박한 목소리라기보다 늘 쓰다 보니 버릇이 되다시피 한 말로 굴러떨어지고 말았다. 밑바닥 끝까지. 언론이 권력과 자본에 지르밟힌 게 그리 좀 묵었으되 낌새가 또렷해진 건 신자유주의가 활짝 다 필 무렵이었다. 한국에선 특히 2006~07년께. 이명박에게 정부와 경제를 맡기면 자기 부동산이나 주식에도 대박이 날 듯싶은 헛된 꿈이 권력과 자본의 언론 짓밟기를 예사롭게 했다. 같은 흐름을 타고 내가 12년째 땀 흘리던 전자신문 편집국에도 자본이 흘러들었다. "컨설턴트"라 했고 "기업 인수합병 전문가"로 불린 최영상. 2006년 6월 자본 쪽 주자인 그가 신문사 앞자리에 앉자 공정 보도 체계보다 주주 가치를 높이는 게 첫손에 꼽히기 시작했다. 신문에 가장 큰돈을 대는 광고주 입김이 더욱 세진 건 말할 것도 없다. 24년 된 전자신문 숨통이 신자유주의 끝판인 권력과 자본에 매이기 시작한 때라 하겠다.

시민의 알 권리를 좀먹고 표현의 자유를 짓밟는 흐름이 거듭된 건 언론사 안에 기자라기보다 월급쟁이 대서인(代書人)에 가까운 자가 많기 때문이다. 특히 높고 힘센 자리에 앉은 자일수록 권력이나 자본의 겁박에 쉬 흔들리는 모습을 드러냈다. 그들을 흔드는 건 전화 한두 통만으로도 충분했다. 공정 보도 체계와 공적 책임을 내팽개치고는 권력이나 자본이 바라는 쪽을 좇다 보니 '보고 들은 대로 올곧게 알리려는 기자'는 그야말로 눈엣가시였을 터. 높고 힘센 자리에 앉은 자가 그리 눈엣가시를 따돌리기 시작하면 언론사 안 여기저기에 벽이 솟았다. 눈엣가시를 외톨이로 만들거나 아예 밖으로 내몰아야 월급쟁이 대서인 마음도 한결 편안할 테니까. KBS가 그랬고 MBC가 그랬으며 YTN이 그랬다. 되풀이되니 누군가의 눈에는 '뭐, 그런가 보다' 싶었겠지만, 그건 비극이었다. 믿고 볼 만한 언론이 없어 세상이 비틀리고 정의가 숨죽였다.

2014년 10월께 한 기자가 내게 말했다. "어느 날 보니 선배가 외로운 늑대처럼 혼자서 싸우고 있더라"고. 나는 그때서야, 내가 언론사 안 벽—침묵 카르텔—사이로 이리저리 퉁겨지고 있다는 걸 알았다. 한 기자가 말한 그 '어느 날'은 2010년 12월과 2012년 3월 사이쯤일 것이다. 언론사 안 벽 사이로 퉁겨질 때를 곰곰 되짚으니 뒷면에 드리워진 검은 그늘이 어림잡아 헤아려졌다. 특히 대기업 때문에 드리워진 그늘은 더욱 길고 더 어두웠을 것으로 보였다.

벽 사이에 홀로 멈춰 서 있을 순 없었다. 오직 하나밖에 없는 민주 틀, 노동조합과 함께했다. 오직 하나밖에 없는 어깨동무 틀, 노동조합과 함께 전자신문 안 침묵의 카르텔을 깨려 했다. 공정 보도 체계를 세워 지키고 살맛 나는 일터를 같이 만들려 했다. 그리 애쓰며 웃고 울던 때를 나는 기록—르포르타주—하기로 마음 다졌다. 오직 하나밖에 없던 민주 틀에 스머든 몹쓸 입김과 폭력을 짚고, 오직 하나밖에 없던 어깨동무 틀이 어찌 망가졌는지를 내보이기로 했다. 왜? 망가진 틀이 되살아나기를 간절히 바랐기 때문이다. 틀이 올곧고 단단해야 시민의 알 권리가 채워질 테니까. 틀이 올곧고 단단해야 한국 사회가 좋아질 테니까.

이 책 1장부터 4장까지 안규리와 청와대와 오명과 체피아 속 침묵 짜임새를 헤집어본 건 권력이 언론을 어찌 흔들고 뭘 얻으려 했는지 밝히려는 뜻이다. 특히 대한민국 제6대 과학기술부 장관 오명은 20세기 후반 한국을 지배한 육군사관학교 권력이 21세기로 이어진 흐름을 고스란히 드러내는 인물이다. 스스로 "노무현 정부와 맞지 않는 사람"이라 여겼음에도 부총리 겸 과학기술부 장관이 돼 황우석을 뒷받침했다. 그와 그 주변의 여러 인물이 내가 몸담았던 언론사에도 오랫동안 얽힌 것으로 들렸으니 그는 나에게도 매우 단단하고 높은 벽이었다. 5장은 자본이 언론을 어찌 무너뜨렸는지 짚었다. 광고 중단과 소송으로 겁박하거나 전화 한두 통으로 새로 찍은 신문을 쓰레기통에 집어넣게 하고 난데없는 주스 기사로 전자신문을 궁상맞게 한 꼴까지, 자본이 세운 벽은 무섭게 솟구쳤다. 자본 쪽 총아인 기업은 권력보다 더 빠르고 힘센 무리였다.

'침묵 카르텔 헤집기'는 한 신문사 안팎에만 머물 까닭이 없었다. 현장이 어디 그곳뿐이던가. 세상 곳곳이 현장이니 나도 전자신문에 매인 쇠사슬을 끊고 나와 이리저리 쏘다녔다. 자본과 권력에 얽매이지 않는—99퍼센트 시민을 위한—독립 언론 뉴스타파 덕분이다. 세상에 뉴스타파를 있게 한 시민 덕에 이리 보고 저리 듣다가 맞닥뜨린 벽—침묵 카르텔—을 차근차근 짚어봤다. 벽을 두드리고 곱씹으며 밝힐 만한 걸 헤집은 까닭은 오직 한국 사회에 굳센 민주 틀이 단단히 자리 잡기를 바라기 때문이다. 간절히 두 손 모은 바람. 6장부터 8장까지 이석우와 정치인, 최성준과 권영수, 김재호 속 침묵 짜임새를 밝혀낸 건 벽 두드린 끝에 얻은 작은 열매다. 벽 사이로 난 틈이 권력과 자본이 어찌 얽혀 뭘 얻으려 했는지 얼마간 내보였다. 눈 앞에 선 벽을 쉼 없이 더 두드릴 까닭이기도 하다.

2019년 11월
주제넘게도 이 책이 침묵의 벽을 깨뜨릴 망치가 되기를 바라며

차례

안규리와 청와대

2019년 3월 20일. 서울대병원 교수 안규리가 삼성전자 사외이사로 뽑혔다. 돈 머릿수를 다 드러내진 않았지만 1년에 9,000만 원쯤 받는 자리. 실제로 검찰총장이던 송광수가 같은 자리를 맡아 2018년에만 9,000만 원을 벌었다. 한두 달에 한 번 꼴로 열릴 이사회에 나가는 것치고는 많은 돈인지라 이재용처럼 힘센 대주주가 경영을 제 마음대로 할 때 온전히 막아낼 수 있을지 의문스럽다. 더구나 안규리는 2017년 호암재단으로부터 '호암상 사회봉사상' 상금으로 3억 원을 받지 않았던가. 그때 225만 원짜리 50돈 금메달까지 목에 걸었다.

호암재단은 삼성전자와 특별한 사이. 삼성 창업자 이병철을 "호암"이라 부르곤 했던 걸 되살려 만든 곳이다. 삼성전자 부회장 이재용의 할아버지—이병철—별명을 본떠 만든 재단에서 3억 원을 받았을 뿐만 아니라 삼성전자로부터 해마다 9,000만 원쯤 더 받게 된 안규리가 사외이사 구실을 올곧게 할 수 있을까. 한국 시민이 여러 기업 가운데 엄지손가락으로 치곤 하는 삼성전자가 옆길로 새거나 옳지 못한 일을 꾀하지 않게 이재용을 막아설 수 있을까.

안규리. 그를 두고 도로 생각해낼 게 있다. 2006년 3월 20일.

안규리가 삼성전자 사외이사로 뽑힌 날로부터 꼭 13년 전. 서울대 징계위원회가 정직 2개월로 그를 나무랐다. 세상을 뒤흔든 황우석의 2004~05년 인간 체(體)세포 복제 줄기세포 거짓 논문 사태에 함께한 책임을 물은 것.

안규리는 2004년 2월 논문의 제11저자, 2005년 5월 논문의 제13저자였다. 특히 2005년엔 이른바 황우석팀의 입—대변인—노릇을 했다. 무거운 구실에도 달랑 정직 2개월. 두 달 동안 서울대병원 부교수로서 맡은 일을 할 수 없었다. 그것으로 13년 뒤 삼성전자 사외이사를 맡아도 좋을 만큼 안규리는 용서됐는가. 오랫동안 서울대병원 교수였어도 좋을 만큼 그가 반성했는가. 한국 사회가 너무 쉬 잊은 건 아닐까. 누군가 안규리를 본받아 같은 일을 해도 큰 문제 없겠다고 여기진 않을까. 나는 그때 갸울어진 고개를 여태 바로 세우지 못했다. 안규리가 2005년 11월 16일 동아일보 기자에게 한 말 되새기며. "(황우석) 실험실 연구원이 난자를 기증했다고 하더라도 우리의 정서와 미국의 정서를 똑같이 봐서는 안 된다. 한국과 미국의 가치관이 다른 상황에서 (피츠버그대학 제럴드 섀튼Gerald P. Schatten이) 우리를 매도하는데 (우리는) 손을 놓고 있다"던 안규리. 그는 난자 기증이 사람 몸에 얼마나 해로울 수 있는지 잘 아는 의사였다. 연구원이 자신의 난자를 자신이 속한 실험실에 내주는 행위가 얼마나 비윤리적인지 잘 아는 과학자였고. 한데 "우리 정서와 미국 정서" 타령이라니. 양심에 거리끼지 않았을까.

'안규리 정직 2개월'은 한국 과학계와 교육계가 품은 한계이
자 굴레다. 이승만 정부의 상공부 장관이었던 데다 한국 화학계
큰 나무였다는 안동혁의 딸이자 서울대학교 의과대학 학사·석
사·박사였던 안규리에겐 정직 2개월쯤으로 넉넉하다는 얘기였
으니까. 일제 강점에서 놓여난 뒤 친일반민족행위자를 제대로
꾸짖지 못한 잘못이 한국 시민의 습속으로 자리 잡은 건가. 모질
게 꾸짖지 못한 탓에 우리는 삼성전자 사외이사 안규리를 보게
됐다.

더듬이

"언론이 무슨 의도로 저희를 이렇게 흔드는 거죠?"

서울대병원 부교수 안규리 말. 2005년 9월 22일 오후에 걸려
온 전화. 그 무렵 서울대 수의과대학 교수였던 황우석이 일주일
을 두고 "월화수목금금금"이라 일컬었을 정도로, 쉴 새 없이 밤
낮 가리지 않고 애쓰는 자신들―줄기세포 연구팀―을 괴롭히
는 속셈이 무엇이냐는 것이다.

전화가 걸려올 줄 알고 있었지만 "무슨 의도"냐는 물음은 뜻

밖이었다. 말마디와 말투에 서린 품이 '너희 나쁜 의도가 대체 뭐니?'였으니까. 2005년 9월 황우석팀이 밀어붙인 세계줄기세 포허브—줄기세포중앙은행—사업을 두고 질문과 답변 몇 마디 가 오갔지만 난데없는 '의도'는 뚜렷이 생뚱맞았다.

누군가 갑작스레 생뚱하면, 내겐 몸과 마음으로 더듬어 아는 느낌이 솟았다. 대개는 달리 뭘 어찌할 수 없어 무턱으로 버티는 흐름이곤 했으니까. 그가 궁지로 몰렸음을 스스로 방증하는 꼴 같은 거. 그에게 든든한 뒷배라도 있을 양이면 목소리가 더욱 커 졌다. 뒷배 힘으로 기자를 내리누르려는 것. 특히 '내가 너희 신 문사 누구누구를 잘 안다'거나 '지난주 너희 신문사 누구누구 와 운동—골프—했다'며 은근히 으르는 성싶으면 더듬이가 더 욱 높이 치솟았다. '방귀 뀐 놈 성낸다더니 네 속이 몹시 구린 게 로구나' 같은 느낌. 안규리는 '의도'를 내민 뒤 뒷배로 나를 누 르려 했겠으되 되레 말 가난에 빠져들었음을 알게 했다. 뒷날— 2005년 10월 12일—안규리가 MBC 피디 한학수에게 황우석팀 줄기세포의 면역 적합성 검사 결과를 두고 "이걸 너무 그렇게 서치(search)하지 않으셨으면 좋겠다"고 말한 것처럼. "이게 방송 에 나가서 무슨 도움이 될지 모르겠네요"처럼. 황우석팀 "조직 의 비밀을 알려고 하지 마세요. 저 가야 돼요. 피디님이 이렇게 취재하면 다 도망가고, 아마 주변에 아무도 안 남을 거예요. 이 런 팩트(fact)는 캐지 마세요"처럼.

안규리가 "무슨 의도"와 함께 내민 "언론"이라는 낱말도 낯설었다. 그때 내가 속해 있던 전자신문 과학기술팀만 짚은 게 아니라 모든 매체를 싸잡아 끌어넣은 말이었으니까. 나는 곧 '세계줄기세포허브의 본디 모습을 알거나 취재하는 매체가 더 있는 걸' 더듬어 느꼈다. 뒷날 그 매체는 MBC 〈PD수첩〉으로 밝혀졌다. 세계줄기세포허브는 말할 것도 없고 황우석 거짓 논문과 연구 조작 사건을 온전히 밝혀낸 바로 그 〈PD수첩〉.

태풍. 황우석팀 안팎 창구—대변인—노릇을 한 안규리로서는 2005년 9월 자신에게 다가오는 PD수첩팀이 얼마나 큰 바람인지 제대로 알지 못했을 터다. 미풍. 자신에게 다가가는 전자신문 과학기술팀이 얼마나 작은 바람인지를 알 수도 없었을 테고. 하여 안규리는 MBC 〈PD수첩〉과 맞닥뜨린 걱정에 더해 전자신문 과학기술팀에게 '무슨 의도로 우리를 흔드느냐'를 내민 것으로 읽혔다.

2005년 9월 22일. 안규리가 내게 전화한 날, 그는 MBC 〈PD수첩〉쪽 인터뷰 요청을 피하고 있었다. 피디 한학수가 그달 6일 미즈메디병원 줄기세포 유전자 지문을 얻고, 같은 달 8일 황우석의 2005년 거짓 논문 속 2번 복제 줄기세포를 위해 체세포를 내준 어린이를 만난 걸 알았기 때문으로 보였다. 어린이 아버지가 PD수첩팀이 다녀간 걸 안규리에게 알리기도 했고.

미즈메디병원 줄기세포 유전자 지문에 관심을 기울이고,

2005년 거짓 논문 속 2번 복제 줄기세포를 위해 체세포를 떼어
준 이에게 눈길을 두는 건 참과 거짓을 따져보자는 뜻. 안규리로
서는 매우 무거운 짐이었을 터다. 그것만으로도 가뜩이나 골치
가 아픈데 듣도 보도 못한 전자신문 과학기술팀이 세계줄기세
포허브를 두고 이러쿵저러쿵 따지려드니 성가셨을까. "무슨 의
도" 한 방으로 쓰러뜨리거나 주저앉히려는 뜻이 고스란했다.

세계줄기세포허브는 그러나 속 빈 강정이었다. 서울대병원
이 65억 원을 들여 2005년 10월 19일 문을 열려 했지만, 그 무
렵 전자신문 과학기술팀 기자 조윤아가 취재한 바로는 결코 세
계 허브(hub)—중심—일 수 없었다. 1996년 7월 복제 양 '돌리'
를 태어나게 해 뜨르르했던 영국 로슬린연구소 이언 윌머트(Ian
Wilmut)가 세계줄기세포허브에 함께한다는 얘기가 꾸준히 들리
긴 했지만 그리 확정된 건 아니라 했다. 세계 세포생물학계에서
입김이 셌던 데다 황우석의 2004년 거짓 논문에 힘을 보태며 한
배를 탔던 제럴드 섀튼마저 세계줄기세포허브에 시큰둥하다 했
고. 그곳에서 일할 사람이 30명쯤 될 거라는데, 임금은 말할 것
도 없고 이런저런 설비를 들여와 움직일 돈도 없다 했다.

조윤아는 당연하게도 속 빈 강정인 세계줄기세포허브 실태를
2005년 9월 23일 자 기사 계획으로 발제했다. 나는 데스크—부
장·게이트키퍼(gate keeper)—A에게 신문 얼굴인 1면에 올릴 만
한 무게라고 알렸다. 마땅히 기자로서 할 일이었다.

게이트키퍼

"선배, 안규리 교수한테서 전화 왔는데 저는 그냥 '우리 팀장과 말씀 나누시라'고 하고 선배 전화번호 알려줬어요."

전자신문 과학기술팀 기자 조윤아 말. 2005년 9월 22일 오후 안규리로부터 내게 전화가 걸려올 걸 미리 안 까닭이자 좋지 않은 낌새였다. 그날 아침부터 A가 전자신문 안 벽으로 선 나머지 머리가 깨질 지경인데 신문 밖 안규리마저 전화기 버튼을 누르기 시작했다. 조윤아와 나는 안팎 힘센 자 사이에 끼어 이러지도 저러지도 못할 꼴이 되지 않을까 두려웠다.

A는 그날 가장 먼저 맞닥뜨린 벽. 높고 단단했다. 그는 이른바 '대한민국 최고 과학자 황우석'을 받들어 우러른 데서 한 치도 벗어나지 못한 상태였다. A도 기자였던지라 차갑고 무겁게 공정히 비판할 몸자세를 가눠야 했으나 그러지 않았다. 황우석 실체를 두고 과학기술팀이 거듭한 취재 보고와 비판 기사 발제를 짓밟기 일쑤. '대한민국 최고 과학자를 하찮은 너희가 어찌 감히 건드리려 해!' 하는 느낌마저 엿보였다. A는 과학기술 쪽 현장 취재 경험이 없어 다른 기사 발제를 두고는 이러쿵저러쿵하지 못했지만 황우석에 얽힌 이야기엔 목울대를 돋우곤 했다. 온갖 매체에서 황우석을 우러른 기사와 위인전이 쏟아질 때였고,

딱 그 안에 잠긴 만큼이었다. 문제는 목울대 돋운 데 머물지 않았다는 것. 게이트키퍼랍시고 기사 알맹이를 깨뜨리거나 흐름을 틀려 들었다. 기사를 아예 들어내려 들 땐 목울대는 말할 것도 없고 핏발이 섰다. 그게 무슨 중간 간부의 특권이라도 되는 양 휘둘렀다. A 같은 중간 간부 몇몇이 신문 지면을 어지럽히고 시민—독자—알 권리를 망가뜨리는 일이 잦자 전국언론노동조합 전자신문 지부는 2011년 단체협약으로 공정보도위원회를 일궜다. 많이 늦었으되 올곧은 보도 체계를 세우고 지키려는 불씨였다.

벽 A가 얼마나 높고 단단했는지 좀 더 짚자. 그럴 까닭이 있어서다. 2005년 5월 25일 황우석이 서울 중구 순화동에 있던 국가과학기술자문회의 사무처에 안규리와 함께 나타났다. 그날 그곳에서 노무현 정부 청와대 정보과학기술보좌관 박기영이 주재한 '황우석 연구팀 지원 종합대책회의'가 열렸기 때문. 황우석은 회의에서 관훈클럽이 제안한 2005년 6월 7일 토론회에 나갈지 "(말지를) 고려하고 있다"며 "관훈클럽 토론회가 언론과 대면하는 마지막이 될 것 같다"고 말했다. "모든 강연 일정도 취소했다. 앞으로 연구를 심화하기 위해 강연을 자제할 생각"이라더니 "해외 일정은 가급적 공개하지 않겠다. 아마도 월 평균 3분의 1을 해외에서 머물게 될 것 같다. 대부분 공동 연구를 추진하기 위한 일정이 될 것"이라고 덧붙였다.

그동안 인터뷰와 강연 따위로 바빴는데 이제 연구에 깊이를 더해야 할 것 같아 연구실에 틀어박힐 생각이니 앞으로 나를 찾지 말아달라는 뜻. 나는 그러나 황우석 말을 곧이들을 수 없었다. 황우석이 그해 6월을 관훈클럽 토론회 하나로 매조지기 어려울 걸로 보였기 때문. 나는 그날—2005년 5월 25일—로부터 황우석 움직임을 하나하나 짚어가며 지켜봤다.

5월 30일. 서울대 관악사 콜로키움에 모인 여러 젊은이에게 '생명공학과 국가발전'을 주제로 삼아 특강을 했다. "모든 강연 일정도 취소했다"고 말한 지 닷새 만이었다.

6월 3일. 대한항공 회장 조양호로부터 10년짜리 1등석 무료 항공권을 받으러 서울 중구 서소문동 대한항공빌딩에 갔다가 지도 교수로 있던 서울대 미식축구부에도 찾아갔다. 팍. 언론 플래시가 터진 건 말할 것도 없다. "언론과 대면하는 마지막이 될 것 같다"던 그달 7일 관훈클럽 토론회 전이긴 했다.

6월 7일. 관훈클럽 토론회에 갔다. 팍팍. 언론 플래시가 많이 터졌다.

6월 8~14일. 이레 동안 브라질 쿠리티바와 미국 휴스턴에서 열린 줄기세포 행사에 가서 강연했다. "연구를 심화하기 위해 강연을 자제할 생각"이라고 말한 지 열나흘 만이었고 조선일보 기자가 '단독 동행 취재'라며 따라갔다.

6월 15일. 서울 중구 명동으로 천주교 대주교 정진석을 찾아갔다. 그가 황우석의 인간 체세포 복제 배아 줄기세포 연구를 "명백히 반대한다"는 성명을 냈기 때문이었는데 둘이 만나는 모습을 언론에 내보이진 않았다.

6월 20일. 서울대 연구실로 찾아온 불교 조계종 총무원장 법장을 만났다. 팍. 언론 플래시와 함께였다.

6월 24~25일. 이틀 동안 연구 협의와 도쿄 한국학교 강연을 위해 일본에 갔다. 팍팍. 언론 플래시가 또 터졌다.

6월 26~29일. 나흘 동안 다시 미국에 갔다. 팍. 팍팍. 틈틈이 해외 언론 플래시 앞에 섰다.

거짓말

연구에 깊이를 더하기 위해 언론 인터뷰와 강연을 줄이겠다던 2005년 5월 25일 황우석의 말은 거짓말이었다. 나는 한 달여 동안 '스스로 내놓은 말을 몸으로 거스른 황우석'을 있는 그대로 알려야 한다고 여겼다. 마땅히. 2005년 6월 30일 자 전자신문 〈기자수첩〉 계획으로 '황우석의 6월'을 발제했다.

벽 A는 제목부터 딴죽을 걸었다. '황우석의 6월'은 안 되겠고 '황우석 석좌교수의 6월'이어야 한다는 것. 직함을 제대로 써주는 게 기본이라는 A 주장. "황우석의 6월 행태를 냉철히 짚으려는 거여서 '교수' 없이 가는 게 좋겠다"는 내 뜻. 그리 맞섰다.

전자신문 〈기자수첩〉은 기자 이름은 말할 것도 없고 얼굴 사진까지 지면에 오르는 고정 칼럼. 한국 언론 어디나 대개 그렇다. 크게 그릇돼 이치에 맞지 않는 내용이 없다면 되도록 기자가 쓴 글 모습과 뜻을 그대로 살려주는 게 질서였다. 한데 제목에서부터 맞선 나머지 삐걱. 심상치 않은 낌새였다. 나는 꺼림칙함을 붙든 채 조금 물러섰다. '그래, 교수라고 붙여주는 게 뭐 그리 대수롭겠어. 그거 내주고 지켜야 할 걸 지키자'고 생각하며. A 주장에 가깝게 제목에 '교수'를 붙이는 대신 알맹이를 지키려 했다.

내 〈기자수첩〉 '황우석의 6월' 속 알맹이는 마지막 글 토막이었다. "이제 그만 그를 놓아주자. 연구실에 머물 수 있게…. 설마 황 교수 스스로 밖으로 나온 건 아니겠지"라는. 특히 "스스로 밖으로 나온 건 아니겠지"가 〈기자수첩〉을 쓴 까닭이요 핵심이었다. 한 달 넘게 황우석 움직임을 지켜본 끝에 내린 맺음말이자 '혹시 당신 스스로 나온 거 아니냐'는 물음이었던 셈. 그리 비판하지 않을 양이면 굳이 〈기자수첩〉으로 쓸 까닭이 없기도 했다.

흐름은 그러나 기어이 대수로워졌다. A에게 제목을 내준 대신 어쩌면 "스스로 밖으로 나온 건 아니겠지"를 지킬 수 있지 않을까 하는 실낱같은 내 기대가 무너진 것. A는 "이게 뭐냐?"고 내밀었고, 나는 "그게 이 기자수첩 핵심"이라 말했다. 서로 이러쿵저러쿵 더 주고받았다. 썩 긴 동안. 같은 말 되풀이해가며. 말세기도 조금씩 높아졌다. 나는 마침내 "얼굴 사진까지 함께 나가는 기명 칼럼인데 되도록 제 뜻을 살려주시는 게 옳지 않겠습니까"라고 말했다. 낯 적잖이 붉힌 채.

웬일일까. A가 물러섰다. 내 마지막 말이 먹힌 성싶었다. 나는 마지막 문장을 살려두기로 한 것으로 알고 저녁 약속을 한 취재원에게 갔다. 그날 오후 내내 A와 입씨름한 끝이라 몸과 마음이 천근이었기에 2005년 6월 30일 자 전일 가판—초판, 처음 인쇄해 배달 하루 전 저녁 서울 세종로와 신문로 둘레 가판대에 미리 깔리는 신문—속 〈기자수첩〉을 들여다보고 싶지 않았다. 제목에 '교수' 생채기가 나기도 했으니까.

2005년 6월 30일 아침. 사달이 났다. 집으로 배달된 전자신문 〈기자수첩〉 끝엔 "설마 황 교수 스스로 밖으로 나온 건 아니겠지"가 없는 게 아닌가. A가 제 고집대로, 내겐 말하지 않고, 기어이 문장을 들어낸 것. 그 한마디가 사라진 바람에 내용이 황우석 비판에서 찬양으로 뒤바뀌고 말았다. 내 얼굴에 한 먹칠이요 독자에게 한 폭력이었다. A가 내 양심과 표현의 자유와 독자 알 권리를 모두 짓밟았다.

나는 취재 현장인 정부과천청사 과학기술부 기자실이 아닌

전자신문으로 출근했다. 7월 1일 자 아침 편집 회의를 끝내고 나온 A에게 따져 물으려고. 말도 없이 마지막 문장을 들어낸 까닭이 무엇인지. 하루 전 오후 오랫동안 이야기를 나눈 끝에 문장을 살려두기로 했음에도 들어낸 까닭이 무엇인지.

까닭을 제대로 밝히지 못한 A는 하루 전 주장을 되풀이하기 시작했다. 애초 내 글 방향이 잘못됐다는 것. '네가 어찌 감히 최고 과학자 황우석을 깨!'라는 뜻. 하지만 나는 물러설 수 없었다. 내게 아무 말도 없이 그리한 까닭을 들어야 했으니까. 그가 내 얼굴에 먹칠한 뒤 독자 알 권리까지 짓밟은 거였으니까.

"너, 이 XX, 밖으로 나와!" A가 갑자기 내게 욕을 하고는 벌떡 일어나 편집국—기자 여럿과 편집국장이 모여 있는 곳—밖으로 나갔다. '뭐야, 질 낮게 끝을 보자는 건가.' 나도 벌떡 일어나 따라갔다. 내 양심과 글을 짓밟은 까닭을 듣지 못했으니까. 도무지 그냥 덮어줄 수 없는 일이었다.

성큼성큼. 널찍이 빨리 걷는 A의 품과 방향이 이상했다. 따라가기 버거울 만큼 빠르게 저만치 큰길 쪽으로 걸어갔다. '뭐야, 회사 밖에서 곧바로 주먹이라도 날릴 듯 뻗치더니 대체 어디로 가는 거지?' 전자신문에서 가장 가까운 커피숍. A가 그리 들어갔다. '커피숍? 이 판국에?'

A가 이상했다. 자리 잡고 앉더니 딴소리를 늘어놓는 게 아닌가. 목소리도 부드럽고. '뭐야, 이 사람… 이상하다.' 지금도 도

무지 알 수 없을 일인데 A는 그날 그 커피숍에서 엉뚱한 말만 했다. 다툼이 일어난 게 수십 년쯤 전이라는 듯. 아니, 그런 일이 언제 일어나기나 했느냐는 듯. 작은 웃음까지 입에 물며 연거푸 뚱딴짓소리를 했다.

이상행동 1

한두 번이 아니었다. A가 이상했던 거. 특히 2000년 4월에 깊고 무겁게 어지러웠다. 휴대폰을 만들어 팔던 LG정보통신—나중에 LG전자로 빨려 들어간 기업—이 A를 비롯한 기자 다섯을 모아 중국과 베트남으로 날아갔다. LG정보통신이 비행기와 호텔 따위 샀을 모두 댄 출장은 그달 18일에 열릴 행사가 꼭짓점. 그날 LG정보통신은 베트남 하이중에서 12만 명이 코드분할다중접속(CDMA) 방식으로 이동전화를 쓸 수 있는 체계를 마련해 열었다. 유럽 쪽 이동전화(GSM) 체계를 쓰던 베트남에 처음으로—한국 정부와 미국 기업이 좋아한—CDMA 장비가 들어간 것. 그때 LG정보통신 사장이던 서평원은 말할 것도 없고 베트남 우정총국 장관 마이 리엠 쭉(Mai Liem Truc)과 주 베트남 대사 백낙환이 장비 개통식에 나란히 설 만큼 두루 눈길을 모았다.

이 일은 2000년 4월 19일 자 여러 한국 신문에 보도됐다. 출장에 함께 가지 않은 한국경제신문과 매일경제신문까지. 하루 전 LG정보통신이 한국 안 모든 언론에게 보도자료를 돌렸기 때문이다.

한데 A는 기사를 쓰지 않았다. 베트남 장비 개통 현장에 있었음에도. 그 무렵 그는 한국 통신장비산업계를 맡아 취재하는 1진─차장─기자였고, 나는 2진이었기에 LG정보통신으로부터 내게도 보도자료가 왔지만 깊이 들여다보며 다룰 까닭이 없었다. 베트남에 간 A가 써야 할 기사였으니까. A로부터 기사를 쓰지 말아야 할 까닭 같은 게 미리 들려오지도 않았고.

A 위 데스크에게도 짧은 말 한마디 미리 건네진 게 없었다. 그야말로 까마득한 채 2000년 4월 19일 자 다른 신문에서 베트남으로 나아간 LG정보통신 CDMA 소식을 본 데스크는 낯이 하얗게 질렸다. 편집국장실에서 아침 편집회의를 하다 말고 나와서는 내게 어찌 된 일인지 물었다. 이어서 베트남으로 전화한 데스크. 베트남 쪽 수화기가 몇 차례 돌아가는 듯싶은 사이 차분히 가라앉은 데스크 목소리. 데스크가 묻고. A가 답한 성싶고. 데스크 다시 묻고. A가 뭐라 답하는 듯싶더니 데스크 입에서 욕이 튀었다. 다시 A의 말을 듣는 성싶더니 데스크 입에서 거듭 욕이 솟았다. "당장 (한국으로) 들어와!"까지.

A는 LG정보통신으로부터 CDMA 베트남 개통 자료를 제대로

받지 못한 데다 홍보 담당자의 설명도 부실해 행사의 중요성을 알 수 없었노라고 주장했다. 2000년 4월 18일 아침 베트남에서 LG정보통신 홍보 담당자가 이동식 저장장치(USB)에 담아 기자들에게 나눠준 보도자료를 그저 "참고 자료인 줄 알았다"는 것. 베트남으로 넘어가기 전 중국에서 LG정보통신 사장 서평원, 부회장 구자홍과 미리 회견했음에도 출장 목적을 제대로 듣지 못했다는 것. USB에 담긴 자료의 무게를 정말로 몰랐는지 2000년 4월 19일 아침 서울에서 사달이 나자 LG정보통신 홍보 담당자에게 "그거 (기사로) 쓰는 거 였어?"라고 물었다는 것.

도무지 그대로 믿어주기 어려운 흐름. A는 두 달쯤 뒤 맡아 하던 일을 내려놓고 전자신문 다른 부서로 자리를 옮겨야 했다. 잘못을 꾸짖는 단독 인사 발령이었다.

이상행동 2

A는 그쯤에서 멈췄어야 하지 않을까. 그가 스스로 멈출 수 없었다면 편집진이 짐을 덜어줬어야 했다. A가 사회 공기(公器)인 신문을 꾸준히 망가뜨려선 곤란하니까. A가 다른 일을 찾을 수 있게 도왔어야 했다. 언론을 믿는 독자에게 피해를 줘선 안 되니

까. 그러나 전자신문은 입사 날짜를 앞세워 나눈 위아래 차례에 따라 그를 기어이 데스크로 올려 앉혔다. 게이트키퍼. 2004년 1월 A는 전자신문 경제·전국팀과 과학기술팀 기자 열서넛 위 부장이 됐다. 그해 2월 황우석이 인간 배아 복제 줄기세포 거짓 논문을 내놓아 세상을 놀라게 했고, 전자신문 과학기술팀은 게 이트키퍼 A와 삐걱대기 시작했다.

기자로서 본디 능력과 기질이 모자란 걸 드러낸 A는 일간지에 서 가장 무겁게 여겨야 할 '내일 아침 신문 모습'보다 '군기 반장 노릇'에 눈길을 뒀다. 온 마음 다해. 회사 안에서 '선배에게 인사 잘하고 전화 잘 받는 법'과 '기자에게 어울리는 양말 색깔' 따위 를 담은 편집국 예절 매뉴얼을 만들어 나눠줬다. 기자들에게.

벌어진 입 다물지 못할 일도 있었다. 취재 현장에 나가 있던 부서 기자들을 불러들이더니 갑자기 경제·과학기술 용어 쪽지 시험을 치르겠다는 게 아닌가. 시험 결과를 손에 들고 '너희는 이 정도밖에 안 되는 놈들'이란 걸 보여주고 싶었을 것으로 읽 혔지만 나는 정중히 물리쳤다. "기술 용어 같은 건 인터넷 검색 이나 자료 조사로 확인해 정확하게 잘 쓰면 될 일이지 이렇게 시 험을 치를 일은 아닌 것 같다"며. "중고등학교 교실에서나 벌어 질 일을 일간신문 편집국에서 하고 있는 걸 도무지 이해할 수 없 다"고. 도무지. 아무리 해도 이해하기 어려운 A는 참으로 이상 한 게이트키퍼였다.

그 이상함이 오후 내내 맞부딪친 뒤 살려두기로 했던 〈기자수첩〉 문장을 말 없이 지운 까닭이자 속 빈 세계줄기세포허브 실상을 알았음에도 기사 발제를 짓밟은 까닭이었을 터. 2005년 9월 22일 오후 조금 굼뜬 성싶은 안규리의 전화 목소리가 귀와 머리에 들러붙었을 때, 나는 이미 A에게 짓밟힌 뒤였다.

발신자번호표시제한

휴대폰 창에 뜬 '발신자번호표시제한' 전화. 받았더니 노무현 정부 청와대 정보과학기술보좌관실 선임 행정관이었다. 안규리 전화를 매조진 뒤라 어림으로 더듬이가 섰다. '청와대에도 전화한 모양이군.'

행정관. "안규리 교수가 걱정이 많네요. 기사 나갈까 봐서." 나. "웬 호들갑이죠? 그게 청와대에까지 알려가며 막으려 들 일인가요?"

말이야 그리했지만 나는 사실 조금 놀랐다. 그날―2005년 9월 22일―오후 흐름으로는 청와대에 도움을 구할 만한 일로 보이지 않았기 때문. 보도되지도 않은 기사를 두고 청와대가 끼어드는 것도 흔한 일은 아니었다. 검열이나 압력 의혹을 부를 수 있으니까.

행정관은 내게 '잘 낫지 않거나 고치기 어려운 병을 앓는 환자를 위해 밤낮 가리지 않고 애쓰는 황우석팀을 언론이 왜 자꾸 흔드느냐'는 안규리 쪽 주장을 거듭 알렸다. 다만 말본새가 달랐다. 안규리처럼 입심을 겨루려 들진 않은 것. "기사 게재를 다시 생각해주십사" 하며, "우리도 중간에서 힘드니 좀 봐달라"고 했다. 황우석팀 세계줄기세포허브가 지금은 속 빈 강정이지만 앞으로 정부 지원 따위에 힘입어 좋아질 것이니 "조금 더 지켜봐달라"는 덧붙임까지.

그쯤에서 내 머리를 친 것. '조윤아 기사 「세계줄기세포허브… 속 빈 강정」을 독자께 잘 내보일 수 있겠다. 좋은 보도가 되겠네. 모자람 없이 넉넉히.' 안규리와 청와대 쪽 주장은 반론으로 덧붙여주면 되겠다는 생각까지 떠올랐다. 한데 어쩌나. 벽 A가 이미 기사 계획을 짓밟은 뒤였다.

대체 왜. 뭘까. A 너머에 내가 알지 못할 짬짜미가 더 도사렸던 걸까. 제 윗사람 말에 몸부터 옹송그린 뒤 그대로 따라서 좇는—시킨 대로만 하는—A의 습성. 그걸 잘 아는 전자신문 안 몇몇이 침묵 벽 뒤에 똬리 튼 채 지켜보며 기사를 막게 한 것이었을까. 끝내 묻히고 말았다.

#벽안

2005년 10월 4일. 오후 7시 반 언저리. 어둑한 인사동 골목 고 불고불 돌아 들어간 음식점에서 얼굴 마주한 박기영. 순천대 생 명과학과 교수. 2004년 1월 30일 내가 전자신문 과학기술팀장 이 된 날 청와대 정보과학기술보좌관이 된 이. 2004년 2월 황우 석 거짓 논문 속 제13저자. '황'우석과 노무현 정부 청와대 정책 실장 '김(金)'병준과 정보통신부 장관 '진(秦)'대제와 함께 "황금 박쥐"라고 불리며 한 꾸러미를 이룬 공무원.

황우석 거짓 논문 사태가 일어난 뒤 12년쯤 흘렀으니 모두 잊 혔을 거라 생각했을까. 괜찮겠다 싶었을까. 놀랍게도 박기영은 2017년 8월 7일 문재인 정부 과학기술정보통신부 안 과학기술 혁신본부장—차관급—자리를 맡았다. 이에 "박 본부장 임명은 한국 사회 과학 공동체에 대한 모욕"이라는 전국민주노동조합 총연맹 공공연구노조 성명이 솟구쳤다. 모욕. 깔보고 욕되게 함. 딱 그랬다. 박기영은 나흘 만인 8월 11일 스스로 물러났다.

다시 2005년 10월 4일 밤 서울 인사동 한 음식점 안 박기영. 또 다른 청와대 행정관과 함께였다. 조윤아가 발제한 기사가 짓 밟힌 뒤로 며칠 흘렀다고 그새 무디어진 나. 그저 '저녁을 함께 하자고? 속 빈 세계줄기세포허브 기사가 게재되지 않은 게 고마운 모양이지'에 머물렀다. 두 시간쯤 딴전 같은 이야기가 밥상 위 빈 곳 여기저기로 흩어졌다. 궁금한 걸 더 돋우지 못한 채 심드렁히. 깨침 없이 무디게. 벽 A에게 밀려 뭘 더 해볼 수도 없는 걸 스스로 부끄러워하며 나는 신물 삼켰다.

열흘 뒤—2005년 10월 14일 금요일 오후—뒷머리를 호되게 얻어맞는 듯싶은 깨침이 왔다. 2005년 10월 19일 서울대학병원 세계줄기세포허브 문 열기 행사에 대통령 부부가 함께한다는 것. 대통령 부부 참석으로 과학기술부가 아닌 청와대에 드나드는 기자들이 취재와 보도를 맡게 됐다. 대통령 부부 경호를 위해 사전 보도 시점 조율—엠바고(embargo)—도 이뤄졌기에 과학기술부에 드나들던 기자들은 입을 다물어야 했다.

'이거였구나. 대통령 행사! 안규리가 목소리 높이고, 박기영이 밥 먹자 한 거. 박기영이 딴전 같은 이야기를 거듭한 거. 기사가 나갈지를 더듬어본 거였어. 전자신문에 세계줄기세포허브가 속 빈 강정이더라고 미리 보도되면 행사가 망가지리라 여겼겠지.' 생각이 여기에까지 미치니 씁쓸했다. 특히 전자신문 과학기술팀 기자 조윤아에게 미안했다. 벽 A를 더욱 세게 밀어보거나 그 너머를 들여다보려 하지 않았기에. A와 나눈 입씨름 몇 차례에 이제 그만 지쳤다고 지레 혀 물고 돌아섰기에. 부끄러웠다. 뉴스 화면에서 세계줄기세포허브 문 열기 행사 속 황우석이 웃을 때 더욱. 황우석을 믿고 자리를 빛낸 대통령 부부가 웃을 때 더욱더.

속 빈 세계줄기세포허브 문 열기 행사에는 이언 윌머트와 제럴드 섀튼, 그때 서울대 총장이던 정운찬과 보건복지부 장관 김근태도 참석했다. 또 한 사람, 부총리이자 과학기술부 장관이던 오명까지 보였다.

장관 오명

"여러분! (오른팔 쭉 내밀어 손바닥 쫙 펴고는) 제가 장관 오(5) 명을 모십니다."

옛 과학기술부 과학기술혁신본부 연구개발조정관—지금은 카이스트(KAIST) 부설 한국과학영재학교장—정윤 말. 2004년 12월 2일 경기 용인 골드훼밀리콘도였다. 그해 10월 18일 과학기술혁신본부가 생겨난 걸 되새기자며 노무현 정부 부총리 겸 과학기술부 장관 오명이 기자 20명쯤을 불러 마련한 자리. 청와대 정보과학기술보좌관 박기영이 기자들 앞에 선 채 국가 과학기술 혁신 체계를 말했고, 서울대 수의과대학 석좌교수였던 황우석도 인간 체세포 복제 줄기세포 연구 흐름을 소개했다. 나중에 거짓으로 드러난 그 줄기세포 연구다. 정윤은 행사 진행자 비슷한 구실을 한 터.

"아니, 기자님들이 뭐 이리 센스가 없어 그래. (오른 손바닥을 다시 쫙 펴며) 내가 장관 '오' 명을 모신다는데 웃는 사람이 하나도 없네."

웬 생뚱맞은 소리냐는 듯 조용한 기자들을 향해 정윤이 잇댄 말. 장관 오명을 "5명"으로 불러 우스개 좀 부려본 건데 반응이 없자 기자들을 타박했다. 그는 '오명'을 모시는데 장관이 '다섯

명'이라도 되는 듯 일이 많고 즐겁다는 말로 면구스러움을 덮었다. 그때에야 여기저기 피식대는 소리가 들렸고.

오명. "직업이 장관"이라던 한국 고위 공무원 가운데 하나. 1987년 7월부터 1988년 12월까지 1년 5개월 동안 전두환 군사정부 체신부 장관. 1993년 12월부터 1994년 12월까지 1년 동안 김영삼 정부 교통부 장관. 그때부터 얼마간 집에서 쉬게 될 것으로 알고 "장관실 짐을 빼려 했는데" 다시 김영삼 정부 첫 건설교통부—건설부와 교통부를 합친 곳—장관이 돼 1995년 12월까지 일했다는 사람. "나는 원래 노무현 정부와는 맞지 않는 사람"이었는데 거듭 요청이 있어 2003년 12월 28일 과학기술부 장관자리를 받아들였고, 2004년 10월 18일 부총리로 올라선 이.

2004년 1월 30일 오명이 곧 부총리 겸 과학기술부 장관이 될 걸로 알려진 뒤 나는 전자신문 경제과학부 아래 과학기술팀 팀장이 됐다. 나와 김 아무개와 조윤아와 손 아무개로 한동아리를 이뤘다. 그리고 우리 넷 위에 부장 벽 A가 섰다.

"월요일부터 금요일까지, 주 5일에 '과학기술' 한 면씩 다섯 면이다."

나를 과학기술팀장으로 발령하겠다며 편집국장 B가 한 말. "네? 지금 과학 쪽 기자가 둘인 걸로 아는데, 둘이서 어떻게 주 5일 한 면씩을 합니까!"라는 내 대답. 그 무렵 전자신문에서 과학기술 쪽을 취재한 기자는 1진 차장 하나와 그를 떠받치는 2진 하나로 둘뿐이었다. 팀으로 엮을 만한 크기가 아니었고 그냥 '경제 과학' 면에 딸린 채 일주일에 한 면씩 기획 보도를 맡는 짜임새였다. 한국 안 주요 매체 과학 쪽 보도 얼개와 같았다. "둘 더 간다"는 B 말. "넷도 힘들죠. 과학기술 쪽이 늘 뜨거운 곳도 아닌 걸로 아는데 뭘로 5일을 다 채웁니까"라는 내 푸념. 일주일에 한 면에 지나지 않던 과학기술 쪽 지면을 다섯 면으로 늘린 것. 갸우뚱. 갑작스런 움직임이었다. 한국 안 일간신문 가운데 닷새씩이나 과학기술 지면을 내는 곳이 없었으니까.

"왜 갑자기 과학기술 면을 늘리는 거죠?"

"오명 장관이 곧 부총리 된다잖아."

오명과 전자신문 1

"예? 그렇다고 지면을 늘려요? 한 면에서 다섯 면으로 넷씩이나?"

"너, 아무것도 모르는구나. 오명 장관이 우리 회사 대주주 아니냐. 대주주가 과학기술 부총리가 된다는데 지면이라도 늘려 받쳐줘야 하지 않겠냐."

그땐 무려 제대로 느끼지 못했지만 벽 A 뒤에 B가 선 게 드러난 순간이었다. 편집국장 너머 대표이사 발행인 같은 자리를 바라보는 B에게 오명은 매우 잘 받들어야 할 '윗분'이었을 터. 자기 자리 아래는 지르밟고 위만 바라보던 A는 B의 뜻을 좇아 오명에게 거슬리지 않을 게이트키퍼가 되어야겠다고 마음 다지지 않았을까. B에게 따로 알릴 것도 없이 알아서 자기 눈 밖 기사 발제를 짓밟아가며.

그 무렵 B는 전자신문 안팎에서 "오명 장관이 우리 회사 대주주"라는 말을 자랑삼아 내세우곤 했다. 널리 알려지면 오명에게 곤란할 일이어서 살짝 귀띔하는 것이라는 몸가짐새와 함께. 오명이 1996년 6월부터 2001년 7월까지 5년 동안 동아일보 사장과 회장이었던 게 신문 쪽 바닥에 제법 알려진 일이었는데 B가 '그 덕에 기대어 자기 어깨 높이를 추어올리는 보람'을 누린 건 아니었을까.

오명이 언제부터 전자신문 주주였는지는 제대로 밝혀지지 않았다. 부총리가 된 2004년은 말할 것도 없고 과학기술부 장관이 된 2003년 말 주요 주주 명단에도 '오명'은 없었으니까. 남의 이름을 빌려 투자했거나 '기타' 적은 지분을 가져 이름이 드러나지 않았던 걸로 보였다. 한데 B는 왜 "대주주"라 말했을까. 2004년 어느 날 그에게 물어봤다. "전자신문 주요 주주 명단에 오명은 없던데 왜 대주주라고 말하느냐"고. "가족과 가까운 지인이 지분을 가졌고, 우호 지분을 더해 실질적으로 30퍼센트대

의사결정권을 행사하는 1대 주주잖아. 우호 지분을 가진 사람들은 오명 장관 허락 없이 주식을 거래할 수 없는 걸로 안다"는 대답. 나는 그 뒤로도 B가 전자신문 안팎에서 "우호 지분을 합해 오명 장관 지배력이 30퍼센트쯤 된다"고 말하는 걸 여러 차례 들었다.

벽 A와 B, 둘 너머 뒷벽에 오명이 있었을까. 그가 친동생이나 아는 사람 뒤에 선 채 전자신문에 얽힌 까닭은 무엇일까. 정무직 공무원—장관—임에도 시민에게 큰 힘을 미치는 공기인 신문사 주식을 몰래 가졌다면 그 자체로 문제다. 시민 모두(公)가 쓰는 그릇(器)에 슬쩍 사리사욕을 담아낼 수 있어서다.

편집국장 B로부터 '과학기술' 증면과 대주주 오명 이야기를 처음 들었을 때 내 마음속이 둘로 갈렸다. 하나, '이건 옳지 않다.' 오명을 떠받치려고 지면 짜임새를 바꾸다니, 창피한 일이었다. 공정 보도를 바라며 매일 아침 전자신문을 기다리는 독자의 믿음을 저버렸으니까. 뒷날 한 일간신문 기자가 "야, 이 팀장. 너희는 뭐 그리 쓸 게 있다고 과학기술 면을 매일 돌리냐?"고 내게 물었을 때 낯부끄러웠던 까닭이다.

나는 결국 그에게 있는 그대로 말해줬다. "오명 장관이 전자신문 대주주다. 그래서 지면을 늘린 거"라고. "나중에 장관이 바뀌면 지면이 줄어들 수도 있겠지, 뭐"라고 덧붙이기도 했다. "오명이 전자신문 대주주라고? 야, XX, 그게 진짜 기삿거리다!"라고 비꼰 그. 한국 안 세 손가락에 꼽힐 족벌 신문에서 일하는 그와 내가 서로를 불쌍히 여겨 달래준 꼴이었다.

나머지 하나, '이건 기회다.' 벽 A 때문에 몹시 답답할 테지만, 아무튼 내가 팀장이니 과학기술 지면 바탕을 온전히 다져 짤수 있을 거라 여겼다. 특히 후배 기자 셋과 함께 즐겁고 보람차게 땀 흘릴 수 있을 '내 첫 지면'이 열린 게 좋았다. '그래, 어디 한번 붙어보자. 오명 잘 떠받쳐 B가 웃을 지면을 만들진 않겠다. 칼—비판 보도—벼려주마.'

나는 후배 기자 셋과 함께 내내 즐거울 짜임새를 꾀했다. 내가 이른바 1진이니 정부과천청사 2동 5층에 있던 과학기술부 기자실에 먼저 붙박였다. 김 아무개가 과학기술 쪽 주요 정부 출연 연구기관과 이공계 대학 취재를 맡았고, 조윤아는 과학기술부 출입 2진이자 나머지 정부 출연 연구기관, 손 아무개가 이공계 대학과 과학기술 쪽 벤처기업을 드나들었다. 그리 나눴으되 나는 과학기술부를 후배 기자 셋 모두에게 취재 대상으로 열었다. 그 무렵 전자신문에는 중앙행정기관처럼 무게 있는 출입처 1진 자리를 무슨 벼슬인 양 여겨 후배에게마저 높디높은 벽을 쌓는 자가 적잖았는데 그걸 깨려는 뜻. 몹쓸 짜임새를 깨고 좋은 지면을 만들어 두루 본보기가 되고 싶었다.

엠바고

2004년 2월 12일. 과학기술부를 드나들기 시작한 지 열이틀 만에 큰 이야기가 터졌다. 그날 아침 중앙일보 의학전문기자 홍혜걸이 황우석의 2004년 인간 체세포 복제 배아 줄기세포 논문에 얽힌 국제 보도 유예—엠바고—체계를 깨뜨린 것. 엠바고 시점인 미국 시애틀 시간 12일 오전 11시, 한국 시간 13일 오전 4시를 기다리지 않고 하루 먼저 알려버렸다. 홍혜걸은 황우석 논문을 받아 심사한 뒤 먼저 보도하기로 한 과학 잡지 사이언스가 걸어둔 엠바고를 깨뜨린 것이니 기사를 쓰지 않은 채 기다리던 다른 기자들을 바보로 만든 셈. 한국뿐만 아니라 세계 언론이 중앙일보에게 도끼눈을 떴다.

2004년 황우석 논문 알맹이는 깨진 엠바고 파문을 한낱 하품거리로 만들 만큼 컸다. 거짓이 아닌 다음에야 그동안 아예 고치지 못하거나 고치기 어렵던 병을 모두 없앨 만한 열쇠로 보였는데 어찌 엠바고 다툼 따위에 매일 수 있겠는가. 모든 언론 눈길이 황우석과 논문에 꽂혔다. 말할 것도 없이. '거짓 논문'인 걸 모를 때라 빚어진 관심이었고, 황우석은 무슨 말을 어떻게 늘어놓아야 언론이 좋아할지를 잘 아는 성싶었다.

"선배, 황우석 박사가 미국 심장부에 태극기를 꽂고 돌아왔답

47

니다."

　전자신문 과학기술팀 기자 김 아무개 말. 2004년 2월 18일 저녁 한국으로 돌아오는 황우석을 인천국제공항에서 기다린 끝에 얻은 말마디였다. '미국 심장부에 꽂은 태극기'는 황우석이 한국 기자들에게 던져준 기사 머리로 읽혔다. 황우석은 비행기 안에서 '우리는 미국의 심장부에서 2010년쯤 예견됐던 생명공학 기술의 고지 위에 태극기를 꽂고 돌아가는 길이다'라는 글을 썼고, 그걸 공항에 나온 기자들에게 풀어놓았던 것.

　"태극기? 웬 태극기이! 무슨, 전쟁이라도 치렀다는 거야?"

　내 헛웃음이 바람 새는 소리를 냈다. 뜻밖 태극기 타령 때문. "황 박사, 원래 그런 말 잘해요. 기자가 좋아할 만한 말"이라는 김 아무개 대답. 과학기술부에 드나든 지 열이틀 만에 맞닥뜨린 황우석의 첫인상이었다. 꺼림칙한 느낌 돋았으나 그게 대체 무엇인지 짚을 수 없어 더욱 찜찜했다.

　2004년 거짓 논문으로 황우석은 바빠졌다. 거짓이 아닌 다음에야 하늘 놀라고 땅 흔들릴 만한 이야기였으니까. 한국은 말할 것도 없고 세계가, 손 한 번 들고 발 한 번 옮기는 황우석을 바라봤다. 발길에 돌 채듯 황우석과 줄기세포 얘기가 여기저기 솟았고. 웬만해선 그를 따로 만날 마음을 품기도 어려울 지경에 닿았다.

허풍선

2004년 4월 20일. 눈코 뜰 새 없을 것 같던 황우석이 정부과
천청사 2동 과학기술부 기자실에 나타났다. 그날 오전 '제2회 대
한민국 최고과학기술인상'을 받게 돼 과학기술부에 드나드는 기
자들과 만났다. 회견 뒤 점심으로 이어진 자리. 마땅히 줄기세포
로 이야기 첫머리가 트였고, 앞으로 펼칠 계획 따위가 밥상 위를
오갔다. 사람에게 옮겨 심을 간이나 폐 따위를 품고 그 크기를
키울─뜨르르했지만 뚜렷한 성과 없이 사그라든─무균 미니 돼
지 이야기, 바다 밖 나라에서 황우석을 끌어가려는 움직임이 있
는지, 있다면 어디고 연구비는 또 얼마를 내밀었는지 따위였다.

오간 말잔치를 밥상 모퉁이에서 조용히 새겨듣던 내 물음.
"돈 많은 사람이 이번 연구 성과를 보고는 얼마든 달라는 대로
줄 테니 애석하게 죽은 아이나 자기 자신을 복제해달라고 은밀
히 요구할 수도 있겠네요. 혹시 그런 요구가 있었습니까?" 밥상
한가운데에 앉아 있던 황우석이 앞으로 길게 뺀 고개를 왼쪽으
로 돌려 나를 '잠시 바라보다가' 내놓은 대답. "네, 있지요. 있었
습니다." 다들 멈칫. 밥상머리 자잘한 소음이 사라졌다. 사람으
로서 하지 말아야 할 요구였기 때문. 과학자로서 받아들이지 말
아야 할 요구였기도 했고. 그게 누구인지, 황우석이 그 요구를

어찌 받아들였는지를 두고 여기저기 곧추선 기자들 더듬이가 보였다. 황우석은 그런 요구가 있었지만 해선 안 될 일이요 그리할 수도 없으며, 자기 연구팀은 생명 윤리를 소중히 여긴다고 잇댔다.

꼿꼿이 선 기자들 더듬이가 곧바로 수그러들지는 않았지만 질문 같은 게 뒤따르지도 않았다. 조용히. 몇몇 기자 사이로 '이건 아무래도 허풍인 듯싶다'는 느낌이 흘렀다. 특히 내 머릿속에선 오래전부터 취재하다가 맞닥뜨리곤 했던 '바탕 없는 허풍선 느낌'이 조금씩 더 또렷해지고 있었다.

그해 이른 여름. 주말을 앞둔 저녁. 젊은 수의사 한 명과 소주잔 기울이다가 황우석에 얽힌 느낌표를 하나 더 머리에 새겼다. 공부에 깊이를 더할지 말지를 고민하던 그가 "사는 게 좀 힘들어서 동물병원 차려 돈이나 벌까 하는 생각도 있다"고 말했다. 나는 그보다 네댓 살 많답시고 "불치, 난치병과 맞선 황우석 같은 사람도 있는데 너는 벌써 돈을 탐하냐"며 짐짓 꼰대 흉내를 냈다. 차분히. 그는 "형은 황우석이 어떤 사람인지 잘 몰라서 하는 소리"라며 엇섰다.

나는 그 한마디에서 내 뒤통수에 곧 망치가 얹힐 걸 느꼈다. 그의 지도 교수였던 백병걸이 1998년 브루셀라 백신 오염 소동 때 황우석의 근거 없는 말 때문에 감옥에 갔다는 게 아닌가. 그때 한국 안 젖소 20만 마리에게 넣은 브루셀라 백신이 세균에 더럽혀져 배 안 새끼가 달이 차기 전에 죽어서 나오거나 어미 소 젖샘에 염증이 생겨 고름이 흘렀는데, 황우석은 "백신 자체에 문제가 있었다"고 주장했다. 얼마간 오염된 게 문제였지 백신은 정상이었다는 특별대책조사반 결론과 황우석 주장이 서로 어긋난 것. 검찰과 농림부가 황우석 주장에 귀를 더 기울이면서 백병걸이 구속 기소됐지만 나중에 범죄 혐의로부터 놓여났다. 검찰 조사에서 백병걸의 엉터리 백신 연구가 문제였다고 말했던 황우석은 법원에선 그 내용을 알거나 보지 못했다는 등 오락가락했다. 그 소동 때문에 한국에서 브루셀라가 널리 퍼질 때마다 젖소가 숱하게 죽어 땅에 묻혔다. 수만 마리나. 백신을 쓸 수 없어 미리 막을 수 없었던 것. 황우석이 내 취재 수첩 위에 새로 선 날이었다.

호랑이 등에 탄 여우

2004년 2월 12일 인간 체세포 복제 배아 줄기세포 첫 거짓 논문이 사이언스에 실린 뒤 황우석에겐 한동안 좋은 날만 이어졌다. 그해 12월 2일 경기 용인 골드훼밀리콘도에서 과학기술부 연구개발조정관 정윤이 오른 손바닥을 쫙 편 채 "오 명"을 말했을 때가 꼭짓점인 성싶었다. 그날 예사롭지 않은 눈빛과 몸집을 가진 사람 셋이 황우석을 따라왔는데 경찰 경호원이었다. 2004년 9월 경찰이 황우석을 '요인 보호 대상'으로 삼아 국회의원이나 장관처럼 돌봤는데, 그해 12월 청와대 지시에 따라 '경호 경비 대상'으로 끌어올렸다. 대통령과 가족, 국회의장, 대법원장, 국무총리에게 펼치는 경호 체계. 가까운 경찰서에서 무슨 일이 있을 때에만 맡는 '요인 보호'와 달리 '경호 경비'는 그림자처럼 경찰이 따라붙는다. 집 앞에 보초를 설 곳까지 만들어둔다. 황우석이 대통령이나 국회의장에 버금갈 만큼 매우 무거운 사람이 됐다는 뜻이었다.

오명을 따라온 이는 수행비서 한 명. 경호원이라 말할 수는 없고 늘 장관을 따라다니며 일을 돕는 과학기술부 사무관이었다. '요인 보호'를 받는 부총리이자 장관이었지만 특별히 보살펴야 할 만한 일이 벌어지지 않았기 때문에 경찰이 따라오지 않은 것. 경호 경비를 받는 황우석과 요인 보호 대상인 오명. 호랑이처럼 내달리는 황우석 등에 오명이 올라탄 걸로 보였다. 황우석이 위인전이 쏟아지는 영웅이 됐고, 박정희 때 유행했던 "과학기술강국"과 "과학기술혁신" 같은 말이 되살아난 흐름을 타고 오명은 부총리로 올라섰으니까.

그리 죽 흐르겠다 싶던 2005년 5월 19일 황우석이 세상을 한 번 더 놀래켰다. 환자의 체세포 핵을 심어서 키운 배아 줄기세포

11개를 만들었다는 거짓 논문을 과학 잡지 사이언스에 실은 것. 2004년 줄기세포가 "처녀생식에 따른 돌연변이일 수 있다"는 얘기가 나온 데다 병을 낫게 하기까지 갈 길이 까마득한 것으로 보이자 거짓말 크기를 키운 거였다. 난치병 환자의 몸에서 뗀 체세포를 복제해 배아 줄기세포를 많이 만들었다고 하자 세상은 그야말로 깜짝 놀랐다. 2004년 첫 논문도 어마어마했는데 1년여 만에 100배 1,000배는 될 성과를 냈다 하니. 거짓이 아닌 다음에야 어찌 벌어진 입을 쉬 다물 수 있겠는가.

황우석 세상이 열렸고, 그는 그해 6월 24일 한국 제1호 '최고 과학자'로 뽑혔다. 한국 정부가 황우석에게 5년 동안 30억 원씩 모두 150억 원을 몰아주는 체계. 한국에서 유례없던―부총리 오명과 청와대 정보과학기술보좌관 박기영과 과학기술부 공무원 여럿이 떠받친―성원. 전자신문 과학기술팀 기자 조윤아가 황우석을 단단히 살피고, 내가 〈기자수첩〉으로 '황우석의 6월'을 밝히려 곰지락댈 무렵이었다.

균열

2005년 11월 22일. MBC 〈PD수첩〉이 '황우석 신화의 난자

의혹'을 알렸다. 미국 피츠버그대에 유학하던 김선종이 황우석 거짓 논문을 실토한 것에 시청자 눈과 귀가 쏠렸고, 아흐레 만인 12월 1일 안규리가 김선종에게 줄 현금 3만 달러를 챙겨 들고 미국으로 날아갔다. YTN 기자 김진두와 함께. 사흘 뒤인 12월 4일 YTN이 〈PD수첩〉 쪽 취재 윤리 문제를 물고 늘어지는 보도를 낸 뒤 흐름이 뒤집혔다. 황우석 거짓 논문과 난자 매매 실체를 뒤로한 채.

그해 12월 8일. 오명이 서울대병원에 입원한 황우석을 찾아갔다. 입원실에서 〈PD수첩〉이 짚은 여러 의혹을 두고 이것저것 물어봤을 걸로 보였는데 황우석을 만나고 나온 오명은 되레 진실로부터 동떨어진 얘기를 했다. "아니, 세계적인 학자가 낸 논문이고, 그것을 세계적인 권위지가 받아들이고, 또 세계적인 학자들을 통해 검증을 해서 실었는데, 그리고 사이언스지가 지금 내용을 맞다고 얘기하는데 누가 나서서 (논문) 검증을 하겠습니까?"라고. 그때까지 황우석을 '세계적인 학자'로 본 것. 아마도 그리 믿고 싶었던 것으로 읽혔다.

오명은 '그쯤에서 덮고 싶은 마음'도 드러냈다. "잘못해서 사이언스지의 자존심을 상하게 할 수도 있는 것이고, 결과적으로 사이언스가 앞으로 한국 학자들 논문에 대해서는 특별한 절차를 밟아야겠다고 나오면 우리나라 학자들에게 큰 문제가 되는 것입니다"라고.

그달 15일 아침. 돈을 주고 산 난자 수천 개를 황우석에게 건네며 한배를 타던 미즈메디병원 이사장 노성일이 서울대병원 입원실로 황우석을 찾아갔다. 그날 오후. 노성일이 "믿어왔던 배아 줄기세포, (황우석팀에) 전혀 없다는 것이 사실"이라고 폭로했다. 그날 밤. MBC가 '특집, PD수첩은 왜 재검증을 요구했는가'를 내보냈다. 이튿날 황우석이 기자 회견을 열어 자기 팀에 줄기세포 원천 기술이 있다고 주장했지만 거짓말을 덧대는 꼴이었고. 이틀 뒤인 18일 서울대 조사위원회가 황우석팀 연구실 문을 닫아걸었다.

"황우석 교수 연구 전체가 엉터리는 아닐 겁니다. 의욕이 앞서다 보니 실수나 조작이 있었던 모양인데 2004년도는 괜찮답니다. '스너피'도 괜찮고."

오명 말. 2005년 12월 23일 오후에 걸려온 전화. "2004년도는 괜찮다"는 건 2004년 2월 거짓 논문 속 줄기세포는 있다는 얘기. 과학기술부 실무진이 황우석 쪽에 물어본 뒤 오명에게 보고한 결과로 보였다. 나는 수화기 소리가 옆으로 샐까 싶어 정부과천청사 2동 1층 통합—그해 노동부·보건복지부·환경부·과학기술부 브리핑 룸을 하나로 합쳐 마련한—기자실 안 내 자리에서 조용히 일어나 복도로 나갔다. 황우석 거짓 논문을 계기로 과학기술 연구개발 지원 체계를 바꿔야 한다는 연속 보도를 준비하던 터라 그에게 이것저것 묻고 들어야 했으니까.

"국면이 계속 바뀔 겁니다. 황 교수가 2005년엔 추락했지만 학자로서는 국민들이…, 민간에서 지원이 일어날 가능성이 있습니다. 국면 바뀔 겁니다. 개 복제 분야의 세계적인 학자여서 분위기가 반전될 수 있을 겁니다."

오명 말. 여드레 전 "배아 줄기세포, 전혀 없다"는 미즈메디병원 이사장 노성일 진술과 〈PD수첩〉의 폭로에도 미련을 놓지 못한 것으로 읽혔다. 황우석을 향한 "과기부 지원은 규정대로 할 것"이라 말하기도 했고. 거짓 논문으로 세계를 뒤흔든 황우석이 과학계에 다시 얼굴을 내밀 수 없을 게 뚜렷했음에도 오명은 미적거렸다. 오명뿐만 아니라 과학기술부의 사리 분별 판단과 실체 확인 능력이 크게 모자란 것으로 보였다.

복제 개 '스너피'가 있어 분위기가 뒤바뀔 것이라는 그의 짐작도 어긋났다. 반전은커녕 거짓 논문 책임을 무겁게 묻지 않은 탓에 이후 황우석은 동물 복제에 계속 손댈 수 있었다. 특히 황우석을 따르던 이병천이 서울대 수의대에 남아 개를 꾸준히 복제하다 2019년 연구를 핑계로 동물을 몹시 괴롭힌 의혹을 샀다. 마약 탐지견과 인명 구조견을 복제해 공항이나 소방서에 보냈는데 구실을 제대로 하지 못한 사례가 많았고, 아프거나 일찍 늙는 복제 동물 특성이 나타난 개체도 있는 것으로 알려졌다.

"줄기세포가, (2004년 치를 포함한) 전부가 다 꽝이다. 그때는 내가 (과학기술부를) 나가야 할 겁니다. 대변인한테 들었는데 전자신문이 (황우석 사태를) 예민하게 생각한다기에 전화했습니다."

2005년 12월 23일 오후 통화에서 이어진 오명 말. 2006년 2월 10일 그는 자기 말처럼 과학기술부를 떠났다. 2004년 황우석 거짓 논문 속 인간 체세포 복제 배아 줄기세포도 결국 "꽝"이었기 때문. 지금도 나는 "전자신문이 예민하게 생각한다기에 전화했다"는 오명 말을 기억한다. 또렷이. 오명이 말한 "전자신문"은 과학기술부를 드나드는 기자인 나를 뜻했고, 나는 그의 전화와 말을 대주주의 위력으로 느꼈다. 또렷이. 오명은 그날 전화를 "박성득 (전자신문) 사장과 개인적인 대화도 나눈다"는 말로 매조졌다. 오명은 부총리 겸 과학기술부 장관 자리를 내놓고 떠나던 날 정부과천청사 2동 1층 통합 기자실에 들러 내게 말했다. "곧 다시 볼 수 있을 겁니다"라고. 나는 그게 무슨 뜻인지 한동안 갈피를 잡지 못했다.

2005년 12월 23일 줄기세포 관련 통화와 2006년 2월 10일 과학기술부를 떠나며 오명이 내게 한 말은 모두 전자신문 경제과학부장에게 보고됐다. "곧 다시 볼 수 있을 것"이라는 말이야 한 귀로 흘려도 될 듯했으나 앞선 전화는 기사로 엮을 만한 게 여럿 솟았다. 부총리 오명이, 황우석으로부터 2004년 치 줄기세포는 괜찮다는 얘기를―결국 거짓이었지만 어쨌든 그리―들은 성싶다는 거. 국면 전환을 말했는데 그리 말한 까닭이 무엇인지 짚어보는 거. 이리 말한 것 자체가 시민과 과학계 눈길로부터 크게 동떨어졌다는 거. 과학기술부가 황우석에게 하던 지원을 규정대로 계속하겠다는데 이건 사건 흐름을 제대로 짚지 못한 결과인 듯하다는 거. 제대로 반성하지 않은 채 꼬리 자르느라 바쁘기 일쑤인 고위 공무원 버릇이 새로운 참사를 부를 수 있겠다는 거. 특히! 오명이 기자에게 전화해 보도를 억누르거나 방향을 바꾸려 한 듯싶다는 기사라면 파장이 클 터였다.

한데 어쩌랴. 나는 이미 답답한 벽 A에게 여러 차례 치인 상태였다. 시달려 힘 빠진 나머지 2005년 10월 4일 A가 데스크로서—기자로서도—밑천을 다 드러낸 뒤 다른 부서로 밀려났음에도 '편집국장 B를 비롯한 벽 몇몇은 그대로 남아 있으려니' 하고 말았으니. 나는 지금 참으로 부끄럽다. 어금니 사리물고 얼굴 돌리고 말았으니. 벽 좀 서 있다고 짜증 내며 물러나 소주나 삼키던 못난이. 알량한 자리와 월급봉투 지키려 스스로 붓 꺾은 못나고 어리석은 자. 두고두고 뉘우친다.

그 무렵 황우석으로부터 받은 신용카드로 자기 술값을 치르거나 설과 추석 맞이 특별 쇠고기를 꾸준히 받아먹은 기자가 여럿 있었던 것으로 알려졌다. 황우석과 몇몇 기자 사이 관계가 알맞지 않다는 걸—공정 보도 체계에 어긋난다는 걸—잘 알았음에도 나는 "나쁜 일"이라고 짚지 못했다. 독자께, 시민께 죄송했다.

황우석이나 기업과 권력이 준 술값 신용카드와 명절 쇠고기는 기자 발목에 채운 쇠사슬이다. 술자리가 거나했을수록, 쇠고기가 달콤했을수록 기사 입력 자판에 닿는 손가락 깊이가 얕아질 수밖에 없으니까. 술자리에 데스크도 함께했다면 족쇄는 두루두루 무거워질 터. 신용카드와 쇠고기 따위를 건넨 이와 골프라도 함께했다면야 더 말해 무엇하리. 올곧은 언론 문지기—게이트키퍼—여야 할 데스크가 "(지구 온난화 때문에 걱정들 많던데) 골프장에 촘촘하게 깔린 잔디가 산소를 얼마나 많이 뿜어내는지 아느냐"며 주말마다 기업 초청 공짜 골프에 매달리는 꼴은 곤란하다. 그게 자기 어깨에 올려둔 붓의 힘 덕분으로 아는 꼴은 더욱 딱하다. 그 꼴 보며 눈살 찌푸린 젊은 기자라면 담담히 말하라. "옳지 않다"고. 차분하고 무거운 당신 말마디가 한국 언론 새날의 싹이라고 나는 본다.

육군사관학교

　오명. 1940년생. 1981년 5월 28일 체신부 차관이 됐다. 마흔한 살 때다. 1987년 7월 13일까지 무려 6년 2개월 동안 정무직 공무원―차관―이었던 걸 두고 그는 '어느 날 찾아온 운명'으로 여겼다. 운명. 그게 그저 '이미 정해져 있는 운'일 뿐이었을까.

　오명은 1980년 10월부터 1981년 5월까지 7개월 동안 청와대 경제수석실에서 과학기술·상공자원·체신·방위산업 따위를 맡은 과학기술비서관이었다. 그때 한국 군사정부 머리가 누구였나. 전두환. 1979년 12월 12일 군사 쿠데타 일으켰고, 1980년 5월 광주 시민 짓밟은 자. 그해 8월 장충체육관 선거로 정권 잡아 청와대로 들어간 자. 두 달 뒤 오명이 전두환 군사정부 청와대에 몸을 넣을 수 있었던 건 '운'이라기보다 육군사관학교라는 '줄' 때문일 개연성이 커 보였다. 육사 11기 전두환과 18기 오명. 1980년 5월 31일 전두환이 대통령 최규하를 을러 만든 국가보위비상대책위원회 아래 상공자원분과위원으로 오명이 섞인 까닭이기도 할 터다. 국가보위비상대책위원회는 전두환 무리가 행정부를 손안에 잡아 쥐려고 만든 기구. 육군 소장 노태우를 비롯한 육사 출신 군인들이 지배했다.

　시곗바늘을 더 뒤로 돌려 1961년 5월 18일로 가보면 박정희의 5·16 군사 쿠데타를 따르던 대위 전두환이 있다. 쿠데타를 떠받치려고 거리로 나선 육사 학생 800명 가운데 4학년생 오명도 있고. 그날 육사 학생들이 군복에 가까운 예복을 입고 서울 동대문부터 시청 앞까지 줄 맞춰 걸어간 행위는 박정희 군사 쿠데타의 마침표 구실을 했다.

시곗바늘을 좀 더 뒤로 돌려 1957년으로 가면 "세상을 바꾸고 싶어 육사에 가겠다"고 어머니 아버지에게 말하던 경기고등학교 3학년생 오명이 있다. 친구 여럿과 "매일 밤 모여 앉아 국가 장래를 논"하며 "정계 동향, 군부 내 인맥 등을 분석하곤 했다"는 그. 하여 내린 결론이란 게 "당분간 우리나라 지도자는 육사에서 나올 수밖에 없다. 육사 출신 우수한 지도자가 나라를 이끌게 될 것이다"였다고. 한국 군부에서 색이 노란 정치꾼 싹수가 엿보인 건 대체 언제부터였을까. 1957년 고등학교 3학년생 오명 눈에마저 띄었다지 않은가. 박정희가 쿠데타를 일으키기 4년 전에 말이다. 육사에 가려는 고등학생이 '시민을 위해 나라를 잘 지키겠다'는 생각에 앞서 '지도자가 돼 나라를 이끌겠다'고 마음먹다니. 몸 떨렸다. 박정희와 전두환이 아니었더라도 쿠데타를 일으킬 만한 샛노란 싹수가 육사에 많았을 것으로 헤아려졌기 때문이다.

같은 무리끼리 서로 사귀게 마련. 오명이 생각한 '운'과 육사 '줄' 가운데 어느 게 더 질겼을지 가늠할 만하지 않은가. 전두환과 함께 육사 11기였던 김성진이 1983년 10월 15일부터 1985년 2월 18일까지 1년 4개월 동안 체신부 장관을 지낸 것도 같은 맥이 이어진 결과로 읽혔다. 육사 출신 장차관. 위에서 말한 대로 아래에서 따라 좇는 군대 습성이 체신부에 고스란히 내려앉지 않았을까.

오명과 전자신문 2

1982년 2월 15일 전자신문이 생겼다. 그해 9월 22일 창간호를 냈고. 오명이 체신부 차관일 때다. 정보통신부─체신부 뒤의 것─고위 공무원 출신 가운데 한 사람은 "내가 체신부 사무관일 때 전자신문을 만들었어요"라고 내게 자랑삼아 말했다. 그게 웬 말인지를 되물었더니 "전자산업계에서 전자신문을 만들자는 움직임이 있었는데 그걸 해냈다"는 게 아닌가. 나는 한 번 더 물었다. "그럼 오명 장관은 뭘 한 거죠? 오 장관이 전자신문을 만들었다고 말하는 사람이 많던데요"라고. "내가 오명 차관을 도와서 한 것"이라는 그의 대답. 새겨듣자면, 그때 신문 등록이야 마땅히 문화공보부가 맡아 하던 일이었지만 한국 전자산업을 일으키는 데 전자신문 같은 게 하나 있어야겠다 싶어서 창간할 수 있게 체신부에서 많이 도와줬다는 뜻. 새 신문을 만들자니 자본이 있어야 했는데 전자산업계에서 지분을 조금씩 나눠 낼 수 있게 길을 텄다는 얘기였다.

오명도 비슷한 말을 했다. 2014년 5월 1일 조선일보 조선비즈 기자 류현정에게 "1982년 전자신문이 탄생할 때 인연이 닿았다. 당시 여러모로 전자산업 진흥 정책을 맡고 있었기 때문"이고 "(전자신문에 경영 고비가 있을 때마다) 여러 기업이 도와주도록 분위기를 만들어줬다. 독지가를 찾아서 전자신문 주주로 참여하도록 부탁하기도 했다"고 말했다. 오명은 체신부 공무원 몇몇과 함께 전자신문이 생겨날 때로부터 관여를 해온 셈. 그 무렵 오명의 차명 지분이 전자신문에 섞였을 개연성이 있지만 37년 전 일이라 진실을 밝힐 만한 증거나 증언은 아직 나오지 않았다.

얼개를 어림잡아 헤아릴 만한 움직임은 있었다. 1982년 1월 27일 데이콤―지금은 LG유플러스―만들기 발기인 회의가 체신부에서 열렸는데 오명은 "(출자를 망설이는) 기업들을 초대해서, 5년 후에는 가치 있는 회사가 될 것이니 체신부 차관 말을 믿고 투자해달라"고 말했다. 그는 "마침내 26개 기업의 출자를 이끌어낼 수 있었다. 출자금은 총 59억 8,000만 원으로, 20억 원을 출자한 통신공사(KT)가 최대 주주가 됐고, 삼성, 럭키금성 (LG), 한국방송공사(KBS), 대영전자공업 등이 3억 원에서 7억 원 규모로 참여했다. 통신공사를 제외한 기업들의 출자금을 적게 한 이유는 경영 간섭을 최소화하기 위해 특정 기업이 7퍼센트 이상의 주식을 가질 수 없도록 원칙을 정했기 때문"이라고 덧붙였는데 그해 이뤄진 전자신문 출자 짜임새와 비슷했다. 럭키금성과 대영전자공업이 돈을 태운 것까지. 특히 나중에 휴니드테크놀러지스로 이름을 바꾼 대영전자공업은 1985년부터 오랫동안 감사보고서상 전자신문 주식을 가장 많이 가진 기업이었고, 오명 뜻에 따라 지분을 지킨다는 얘기가 들렸다.

이쯤에서 전자신문 창간 무렵 우스개 하나. 1980년 8월 청와대로 들어간 전두환이 허문도로 하여금 15개 신문·방송사 문을 닫아걸게 했다. 이른바 '언론 통폐합'. 언론인을 으르고 길들여 세상 말길을 제 맘대로 트거나 막고자 했던 것. 1980년 11월부터 이듬해까지 언론사를 15개나 억지로 없애거나 다른 곳과 합쳐버렸는데—칼 마구 휘두르고 난 뒤인데—난데없이 전자신문을 만들겠다는 이들이 나타난 게 아닌가. 그냥 무시하고 말면 그만이었을 텐데 체신부가 뒤에서 밀고, 가만 살펴보니 전두환이 내세운 전자산업을 키우는 데 얼마간 도움이 될 성싶었을까. 신문 등록 신청을 받아주기로 했다고. 한데 여러 매체 문을 억지로 닫아걸게 하며 손에 피 묻힌 게 엊그제 같은데 새로운 신문 등록을 받아준다? 전두환 무리 스스로 보기에도 낯부끄러웠던 모양. 제호를 '전자신문(電子新聞)'이 아닌 '전자시보(電子時報)'로 살짝 바꾸게 한 뒤 1982년 6월 30일 등록을 받아줬다. 눈 가리고 아

웅. 허문도 언론 통폐합 사태 뒤 첫 등록 매체가 된 전자시보 제
호는 1989년 9월 7일까지 7년 동안 이어졌다. 하여 기자 명함을
받아 든 취재원으로부터 "이거, 무슨… 시간 알려주는 곳인가
요?"라는 말을 듣고는 했다.

세상에 나온 까닭이 '전자산업 키울 도우미'였던 데다 전두환
무리 입김마저 닿았으니 전자신문 싹수가 노랬을까. 아니, 시작
은 노랬으되 언론다울 바탕은 단단했다. 뜻밖에도 1980년 전두
환과 허문도가 휘두른 마구잡이 칼질로 본디 있던 언론사를 떠
난 기자, 1974년 10·24 자유언론실천선언 뒤 동아일보에서 억
지로 내쫓긴 동아자유언론수호투쟁위원회 위원이 전자신문에
모였기 때문. 한국일보 해직 기자였던 전자신문 초대 편집국장
성의경이 "언젠가 「해직 기자들 어디서 무얼 하나」라는 제목의
기사가 모 월간지에 실린 적이 있는데, 해직 기자 출신 16명이
재직하던 전자시보가 가장 많은 수였다"고 말했을 정도였다.

자연스레 전자신문은 편집국이 단단한 언론—광고나 사업
수익 따위에 크게 얽매지 않아 기자 품위가 선 신문—이 됐다.
1995년 2월께 내가 전자신문 11기로 몸을 들이려 했을 때 주필
과 편집국장뿐만 아니라 노동조합위원장이 면접위원으로 나란
했던 신문. 그해 4월 1일 내가 몸을 들여 6개월 수습을 마친 뒤
곧바로 노동조합원이 된—거의 유니언숍 같은—조직 짜임새.
동아자유언론수호투쟁위원으로 옥고까지 치른 기자 박종만과

이기중이 정보통신신문 편집국장이자 전자신문 편집국장이던 곳. 전자신문은 그랬다. 본받을 선배 여럿이 회사를 떠나고, 그들이 다진 '표현 자유 가득한 편집국'의 바탕이 권력과 자본에 휘둘리기 전까지. 신문다웠다.

하지만 한국 경제가 1998년 국제통화기금(IMF)에 짓밟히고, 2000년대 초 인터넷 버블에 휩쓸린 뒤 권력과 자본 앞에서 편집국이 작아지기 시작했다. 특히 오명 같은 권력—주주—앞에선 더욱 작아졌다. 그가 부총리 된다 하니 과학기술 지면을 일주일에 다섯 면씩 찍어가며 쭈그러들었다.

"아직 발표할 단계가 아닌 걸로 압니다만, 아마 10년쯤 뒤 대머리도 정복될 겁니다."

2004년 2월 황우석 줄기세포 논문이 거짓으로 드러나기 전 생명공학기술로 이룰 미래가 눈앞에 바싹 다가오기라도 한 성싶었을 때 오명이 한 말. 지금은 2019년. 10년은 이미 지났고, 15년째지만 대머리는 아직 사람 뜻대로 다룰 수 없다. "정복될 것"이라 했으니 벗어진 머리를 잘 다스려 낫게 할 병으로 여긴 듯. 나는 15년 전처럼 지금도 그의 말을 '터무니없다' 여긴다. 그때나 지금이나 아무런 '대머리 정복' 낌새가 보이지 않기 때문. 가볍게 웃고 말 일이었고, 지금도 나는 피식 웃는다. 한데 사뭇 분위기가 다른—잊히지 않는—오명 말이 하나 있으니. "그게 머리만 바꾸면 대륙간탄도탄이거든요"였다.

2005년 5월 17일 국가과학기술위원회가 우주개발 중장기 기본계획을 짰는데 그 안에 한국형 우주 발사체 만들기 사업도 들어 있었다. 한국에 스스로 해낼 기술이 없어 러시아에 돈을 줘가며 발사체를 만들었지만 '러시아 기술진에게 휘둘린 나머지 쓸모없는 일이 될 개연성이 있다'는 허물이 드러나기 시작했을 때. 오명이 과학기술부를 드나들던 기자들에게 한국형 우주 발사체를 만들어야 할 까닭을 밝혀 말하다가 툭 튀어나온 얘기였다. 인공위성을 우주로 쏘아 올리는 데 쓰겠다던 발사체 사업 안에 대륙간탄도탄이 함께 도사렸던 것.

박정희와 전두환 뒤를 이어 육군사관학교에 갔다가 청와대에까지 들어갔던 오명. 우주 발사체 머리에 때론 폭탄을 달아 다른 대륙으로 날아가게 할 수도 있다고 생각하는 부총리 겸 과학기술부 장관. 가슴속 '군인 정신' 같은 게 절로 솟은 거였을까. 몸 떨림. 되풀이해선 안 될 야사(野史)요 쓰이지 말아야 할 역사(歷史)다.

배척

침묵 속 배척. 2008년 12월 31일 늦은 오후. 나는 전자신문 온라인속보팀으로 밀어 내쳐졌다. 인사 발령 30분쯤 전 전자신문 편집국장 C로부터 "온라인속보팀으로 가라"는 말을 들었다. 부장 D가 갑작스레 "야, 이 차장, 국장이 너 부른다?"며 아무것도 모르는 척─몰랐을 리 없음에도─내게 물어보듯 말했을 때에야 좋지 않은 낌새가 솟았다. C는 "온라인속보팀을 새로 만들 건데 너 거기로 가라. 편집국에 온, 오프라인 경쟁 체제를 만들 생각"이라 했다. 말은 그랬지만 온라인속보팀은 전자신문 편집국 안 유배지였다. 회사 벽 알림판에 인사 발령 방을 내붙이기 30분 전에야 중앙행정기관 출입 1진 기자에게 이동을 알린 것도 드문 일. 전자신문 편집국에서 마땅히 지켜지던 예절과 의리가 무너진 흐름이었다.

새 팀의 구성은 부장 한 명과 차장 셋. C는 나를 비롯한 차장 기자 셋에게 '보도자료 실시간 출고'를 바랐다. 전자신문 편집국으로 들어오는 모든 보도자료를 그때그때 인터넷판 기사─속보─로 써내라는 것. 온라인속보팀 차장 셋이 온갖 보도자료를 모두 맡아 인터넷에 올릴 테니 "편집국 오프라인 기자들은 기획 취재한 기사만 출고하라"는 C의 말. "편집국 온, 오프라인 기자 간 경쟁 시작"이라는 덧붙임까지.

말이 좋아 "온, 오프라인 경쟁"이지 C가 온라인속보팀에 바란 것은 '보도자료 대서방'에 지나지 않았다. 현장 취재를 할 수 없게 차장 셋을 회사 안에 눌러 앉힌 꼴. C는 결국 11개월 만에야 내게 사실대로 말했다. "맘에 안 드는 놈 셋을, 좀 좋아지라고,

특히 너는 좀 겸손해지라고, 온라인속보팀에 보냈던 건데 넌 어째 입사 1~2년 차 때나 지금이나 똑같냐"고. 으르고 협박하며. C가 말한 "좋아지라고"는 기사 게재 여부와 알맹이를 두고 적절히 밀고 당겨 광고 따위를 끌어오는 짓을 뜻했다. 그래야 "차장답다"는 것. 한데 나는 입사 1~2년 차가 하듯 공정하고 좋은 기사를 쓰는 데에만 불을 켜는, C의 "맘에 안 드는 놈"이었다. 기자가 특집 기획이라도 하면, 지면마다에 있는 5단 광고 자리를 "아랫도리"라 부르며 그곳이 풍성해야 좋은 특집이요 능력 있는 기자로 치던 C였으니. 내가 마음에 차지 않을 만도 했다.

편집국장 위로 자리를 높인 B와 편집국장 C는 경력직 기자로 전자신문에 몸담았다. B는 1985년 주 2회─월·목─발행을 시작할 무렵, C는 1989년 격 일간─월·수·금─체제를 앞둔 1988년이었던 것으로 들렸다. 한데 공채 기자에게 잔뜩 짓눌렸던 모양. B는 "전자신문에 들어왔는데 공채 후배 기자들이 나를 누구 씨 누구 씨 하며 이름을 불렀다"는 말을 내게 서너 차례 했다. 농담인 듯 웃으며 옛일을 돌아본 거였지만 나는 그의 말에서 '깊고 오랜 상처'를 봤다. 특히 B가 편집국장보다 자리를 높인 뒤엔 같은 말마디에 "이 차장, 내 줄에 서주지 않을래. 나를 좀 도와주라"는 말까지 잇댔다. 그 무렵 B는 자신을 으를 만큼 힘과 자리가 높아진 C, 나중에 전자신문 사장이 된 구원모와 삼각으로 맞선 채 힘겨루기에 한창이었다. 나는 "제게 무슨 힘이 있습니까. 저는 그저 취재 열심히 하고 좋은 기사 쓰겠습니다"라고 대답했을 뿐. B와 C와 구원모. 나는 그 누구의 줄도 잡지 않았다. 몹쓸 줄 따위를 잡아선 안 되니까. 기자가 할 짓 아니니까.

1995년 4월 1일 내가 공채 11기로 전자신문에 들어간 뒤로는 B와 C 같은 경력직 기자를 깔보거나 일부러 업신여기는 풍토는 찾아볼 수 없었다. 특히 11기는 비슷한 나이와 경력을 가진 기자들과 '동기'를 이뤄 머릿수가 열셋이나 됐다. 공채 여섯에 경력직 기자 일곱이 한동아리로 어울린 것. 10기가 그랬고 12, 13, 14, 15기도 마찬가지. 편집국 분위기가 좋았다.

B와 C. 둘은 달랐다. 경력직 후배를 그러모아 줄을 세웠다. 무리를 꾸려 뒷배로 삼고 그 힘에 기대어 자기 자리를 높였다. 옛 상처가 깊은 탓이었을까. 둘은 복수를 꾀한 성싶었다. B는 힘 키우고 자리 높인 뒤 자신에게 "누구 씨 누구 씨 하며 이름을 불렀다"던 이를 회사 밖으로 내몰았다. C와 함께 경력직 기자 채용을 늘렸고. 그 흐름을 눈치챈 몇몇 경력직 기자는 B와 C 사이를 오가며 배를 불리고 자리를 높이더니 나중엔 두억시니처럼 B와 C를 잡아먹을 지경에 이르렀다. 그 모습 지켜보던 젊은 기자들은 놀라 벌어진 입 다물지 못하는 꼴. 사나운 아귀다툼 속에 편집국이 시들었다.

추락

C는 9개월 만에 온라인속보팀 문을 스스로 닫아걸었다. 온, 오프라인 경쟁은커녕 이도 저도 아닌 꼴이 드러났기 때문. 보도 자료 대서방을 만들어 맘에 안 드는 차장 기자 셋을 몰아넣었다지만 좋은 기사가 나왔다. 보도자료를 그때그때 인터넷에 출고한다지만 기자가 어디 그쯤에 머물고 말랴. 14년 넘게 기자로 움직인 그 무렵의 내 눈엔 보도자료 속에서 이리 비틀고 저리 짚을 거리가 절로 솟았다. 그걸 확인해 쓰려니 보도자료를 낸 곳에 이것저것 물었고, 자연스레 기사에 좋은 알맹이가 박혔다. 보도 자료에 깊이를 더해줘 "고맙다"거나 말하고 싶지 않은 게 섞여 "아프다"는 반응이 늘었다. 나름 보람찬 재밋거리를 찾은 셈.

내겐 보람, C에겐 성가신 일이었을까. C가 나를 제대로 관리하지 못한다며 온라인속보팀장과 그 위 뉴미디어부국장을 닦달했다. C가 바란 '관리'는 '중뿔난 보도자료 처리'를 내리누르는 것. 하지만 제 스스로 내민 온, 오프라인 경쟁 틀에 따른 결과인 바에야 더 해코지하기 어려웠을 터. 달리 방법이 없었는지 C가 말없이 내 인터넷판 기사에 손을 대기 시작했다. 예를 들어 한 기업이 정부 행정에 쓰일 컴퓨팅 소프트웨어를 팔아 얼마간 벌어들였다는 기사를 썼는데 "금액이 공개돼 곤란하다"는 그 회사 사장의 전화를 받고는 몰래 액수를 지운 게 아닌가. 항의하러 편집국장실로 달려가는 나를 막아선 뉴미디어부국장이 C에게 확인한 바 "국장이 지웠단다"는 말이 되돌아왔다. 전에 없던— 있을 수 없는—일. 편집국장 C가 공기인 전자신문 인터넷판을 사유화한 꼴이었으니까.

C는 더 큰일도 저질렀다. 2009년 5월 23일 대통령 노무현이 세상을 떠나자 전자신문 온라인속보팀은 인터넷판에 조문 기사 틀을 따로 마련해 띄웠고, 그달 29일 노제와 수원 연화장 모습 까지 이어 냈다. 그날 밤 나는 「노무현 전 대통령, 국민의 참 대 통령으로 승화」라는 제목 아래 "노무현 제1대 인터넷 대통령이 영원한 임기를 시작했다. 세계 첫 인터넷 대통령으로 국민 품— 인터넷—에 안겨, 국민과 함께 영겁의 동행에 나선 것"이라고 썼다. 컴퓨터와 인터넷에 밝았던 대통령 노무현의 마지막 모습 을 매조진 예우였고, 온라인속보팀장과 함께 기사 제목을 가다 듬었다.

제목과 기사 알맹이 때문에 독자 반응이 뜨거웠다. 사흘이 흐 른 6월 1일 아침 9시까지 기사를 본 시민이 10만 2,402명에 이 른 것. 추모 댓글도 68개나 달렸다. 얼굴 까마득한 내 고등학교 친구가 "기사 잘 봤다"며 전화해오기도 했고.

기사를 매개로 시민이 서로를 부둥켜안고 슬픔을 달래준 느 낌. 한데 아흐레 뒤인 6월 10일 오후. 여러 보도자료를 속보로 처리한 뒤 한숨 돌리며 살피니 그 기사가 사라진 게 아닌가. 설마. 좋지 않은 냄새가 났지만 나는 차분히 온라인속보팀장에게 물었다. "선배, 대통령 서거 마지막 기사가 사라졌어요. 이거 어떻게 된 거죠? 알고 계셨어요?"라고. "아니, 몰라. 그게 왜 없어져? 시스템에 문제가 생긴 건가?"라는 팀장 되물음. "아니오. 그렇진 않은 것 같아요. 다른 기사는 다 말짱하거든요"라는 내 대답. "뭐야. 뭔데 또 시끄러워!"라는 뉴미디어부국장 말. "대통령 서거 속보 마지막 게 통째로 사라졌습니다. 어찌된 건지 확인해 주세요. 혹시나 지난번처럼 국장이 손댄 거라면, 이건 그냥 지나갈 일 아닙니다. 제가 월요일 아침에 봤을 때만 해도 독자 클릭수가 10만을 넘었어요. 그런 기사를 아무 말도 없이 지웠다면, 이건 국장이 지면을 사유화한 것이나 마찬가집니다"라는 내 말.

그날 저녁. 전자신문 온라인속보팀장과 뉴미디어부국장이 소주잔 건네며 나를 달랬다. 편집국장 C에게 짓눌려 아무것도 할수 없는 자신들을 이해해달라며. 씁쓸했다. 편집국장 C가 또다시 제멋대로 기사를 지운 것. 그런 기사를 어찌 그대로 올릴 수 있느냐며 온라인속보팀장과 뉴미디어부국장을 몰아쳤다는 얘기도 들렸다. 도둑이 되레 매를 든 꼴이었다.

노동조합도 아무런 도움이 되지 않았다. 그 무렵 노조 위원장과 사무장이 C를 따르던 경력직 기자 출신이었기 때문. 특히 사무국장은 "하루빨리 공정 보도 체계를 마련해야 한다"는 내 지적에 "선배, 차암… 삽질하시네요"라고 깔봤을 지경. 술에 취해 허투루 한 말이었지만 벽 뒤에 숨어 옹그린 채 저희끼리 주고받던 진짜 생각이 툭 불거진 것으로 보였다. 함께 뭘 해보자거나 도움을 바랄 수 있을 만한 노동조합 집행부가 아니었다. 나중에 듣기로는 C가 건넨 금일봉으로 실내 스크린 골프를 즐기기도 했다니 그들을 믿고 이런저런 진심을 쏟아낸 내가 참으로 설고 어설펐지 뭔가. 더 나중 일로는 노동조합 사무국장이었던 자를 비롯한 경력직 기자 동기 셋이 금요일 오후 한창 일할 시간에 몰래 골프를 치러 갔다가 같은 날 광고주와 '비즈니스'를 한답시고 같은 골프장에 나타난 전자신문 임원 몇몇과 딱 마주친 바람에 징계를 받았지 뭔가. 이른바 '광고주 비즈니스'도 신문 공정보도 체계를 좀먹을 개연성이 큰 행위인 터라 금요일 오후 골프가 어이없기로는 매한가지였지만 임원 몇몇은 천연덕스러웠다. 제 머리 깎을 생각 전혀 없이 경력직 기자 셋을 손수 징계했다. 우리가 한 건 사랑이지만 너희 건 불륜이란 뜻이었을까.

9개월 만에 온라인속보팀 문을 스스로 닫아건 C는 외신을 맡는 국제부를 새로운 기자 유배지로 삼았다. '맘에 안 드는 놈들'을 떨어뜨릴 새로운 섬. 나를 보냈고, 황지혜와 차윤주처럼 취재 잘하고 바른말 하는 젊은 공채 기자들을 그러모아 국제부에 떨궜다. C가 품은 '맘에 안 드는 놈' 바탕을 뚜렷이 드러낸 것. 그리 편 갈리며 찧고 까불린 전자신문 편집국은 나락에 떨어졌다.

회유

2009년 11월 어느 날. C가 국제부로 가 있던 나를 편집국장실로 불렀다. 2008년 12월 31일 갑작스레 온라인속보팀을 꾸려 나를 보낸 게 "맘에 안 드는 놈"이었기 때문임을 밝힌 날이다. 11개월 만에 침묵을 깨고 인사 발령 까닭을 말하게 된 건 내 블로그 때문. 오래전부터 취재 뒷이야기와 칼럼 같은 걸 써 모아둔 곳이었다.

C는 내 블로그 글 가운데 그해 여름과 가을 방송통신위원회 상임위원 형태근과 벌인 다툼부터 짚었다. 2008년 1월과 2월 이명박 정부 대통령직인수위원회 경제 2분과에 몸담은 옛 정보통신부 고위 공무원 형태근이 중앙행정기관 조직 개편 때 한 구실과 말 따위를 두고 제보가 잇따랐는데 온라인 속보로는 다룰 수 없겠기에 서너 편을 엮어 블로그에 띄웠다. 제목을 '사람이 곱나 일이 곱지'로 꾸린 연속물. 노무현 정부의 정보통신부가 앞으로 맡아 할 일에 따라 이명박 정부의 방송통신위원회와 지식경제부, 행정안전부, 문화체육관광부로 쪼개질 때 벌어진 뒷얘기를 담아냈다. 2009년 7월 8일 첫 이야기, 그달 23일 두 번째 얘기를 올렸다. 형태근은 두 게시물이 자기 권리를 침해했다며 7월 25일 SK커뮤니케이션즈에 신고해 내용이 아예 보이지 않게 눈

가림―블라인드―했다. 이른바 '인터넷 게시물 임시 조치'였다.

같은 달 27일 방송통신위원회 홍보팀장 이상훈으로부터 "형태근 위원이 당황스럽다는 입장이더라"는 말이 건너왔고, 형태근의 비서관 이진수로부터 "형태근 위원이 크게 화를 냈고, 이 차장과 서로 서운할 일이 없었는데 (블로그에 그런 글을 올려) 이해할 수 없다더라"는 얘기도 들렸다. "이 차장이 뭘 오해한 것 같고, 법률적으로 대응하겠다"는 귀띔까지였다. KT 홍보팀 간부로부터 "이 차장님이 방통위로 간다는 소문이 있다"는 뜬금없는 얘기마저 들렸으니 그때 소동이 좀 나긴 했다.

특히 2009년 8월 31일 블로그에 올린 '사람이 곱나 일이 곱지 (2-2) 형태근 (다)' 편에 눈길이 쏠린 게 느껴졌다. 제보자로부터 날아온 2008년 1월 28일 자 이명박 정부 대통령직인수위원회 구내식당 회의록에 "정보통신부 폐지가 아니라 확산 융합의 실천"이라는 형태근 말이 뚜렷했는데 그 뜻을 풀어낸 얘기. 제보자는 형태근 말에 곁점을 찍었는데, 옛 정보통신부 사람 누구도 "폐지가 아니라 확산 융합"이라는 데 의견을 같이하지 않았기 때문이다. 형태근이 "대통령 앞에서 그렇게 말해 자신을 돋우었을 순 있었겠지만 정보통신부 직원에겐 큰 상처를 줬다"거나 "차라리 말하지 않은 것만 못했다"는 귀띔이 잇따랐다. 형태근은 이 편마저 눈가림 신고를 했고, 나는 SK커뮤니케이션즈에 "가림막을 칠 까닭이 없다"고 밝혀 말한 끝에 2009년 9월

7일 글을 되살렸다.

그해 11월 5일쯤 소동이 가라앉았다. 형태근으로부터 방송통신심의위원회 분쟁 조정 신청이나 "법률적 대응" 같은 게 이뤄지지 않았고, 나는 9월 28일 새 유배지인 국제팀으로 간 뒤여서 서로 시들해졌다 할까. 조용했다.

그 무렵 C 귀에도 늦게나마 소동이 닿은 듯. 나를 편집국장실로 불러 앉히고는 팔짱 끼고 눈 내리깐 채 마구 몰아쳤다. 맘에 안 들어 좀 겸손해지라고 온라인속보팀에 보냈는데 어째 넌 1~2년 차 기자 때와 똑같다는 둥 그래서 넌 안 된다는 둥. 한 시간 넘게. 나는 C 말에 고개를 숙이지 않고 되물었다. "10만 독자가 읽은 대통령 서거 기사를 국장 마음대로 지운 건 지면을 사유화한 것 아닙니까. 그럴 거면 (편집국장실에 걸려 있던 '정론직필' 액자를 손가락으로 가리키며) 저건 왜 걸어뒀습니까. 떼는 게 낫지 않나요."

그날 C는 목청 내려 "너처럼 탤런트 좋은 놈이 왜 그 모양인지 모르겠다, 응? 생각만 조금 바꾸면 될 텐데 그게 그렇게 어렵냐?"고 나를 달래려 들기도 했다.

C는 짬 날 때마다 새로 꾸린 유배지 국제팀 둘레를 오락가락하며 맘에 안 드는 기자 여럿이 뭘 하고 있는지 들여다봤다. 섬인 것도 모자라 해변에 벽을 높이 둘러친 듯했다.

정직한

국제팀은 새 유배지였지만 할 일 있어 즐거웠다. 좋은 후배 기자 여럿과 함께 일했으니까. 나라 밖 이런저런 얘기에 눈길 트여 생각도 넓어졌다. 영어도 조금 는 듯했고. 특히 C는 2010년 1월 1일 국제팀장을 '편집국장석 기획담당 부장대우'로 끌어올려 자리가 비게 되자 달리 눈에 띈 차장급 '맘에 안 드는 놈'이 없었는지 그곳에 나를 앉혔다. 유배 3개월 만에. 미리 생각하지 못한 채로. 국제팀을 맡았으되 편집회의에 들어가는 자리가 아니었고 유배지 굴레도 여전했다.

나는 국제팀 좋은 기자 여럿과 함께 "독자가 신문 넘기다가 만나는 종합면 두 쪽 더"를 이루려 애썼다. 신문은 빨리 무겁게 알려야 할 기사를 종합해 앞쪽 지면에 담게 마련인데 "우리 국제면은 중간에 한 번 더 만나는 종합면"이라 여겼다. 함께한 기자들 힘이 좋아 얼마간 뜻을 이뤘고.

"선배, 정직 당해봤어? 나는 정직한 기자요. 하하하!"

2010년 1월 4일. 그해 첫 월요일. 힘 있는 기자가 국제팀에 한 사람 더 유배됐다. 반도체를 비롯한 전자산업 쪽에 밝아 2009년 9월 28일 전자신문 반도체디스플레이팀장이 됐던 기자. 그가 말한 '정직'은 정직(停職)이었다. 맡은 일을 하지 못하게 회사에 나오지도 말라 한 징계. 팀장 자리도 내려놓게 했다. 그가 정직할 날을 다 채운 뒤 국제팀으로 귀양 온 것.

　그가 정직당한 건 삼성 때문이었다. 2009년 10월 26일 밤. 편집국장보다 자리를 높인 B와 편집국장 C는 반도체디스플레이팀장이 쓴 칼럼 「반도체 치킨 게임은 끝나지 않았다」에 손댔다. "우리나라 반도체 업계 현주소를 다시 생각"해보니 삼성전자가 2년여 동안 이어진 산업 불황에도 게을렀다고 꼬집은 칼럼이었는데 글귀 몇 개를 지우거나 바꾼 것. 결국 "삼성전자 위상에 어울리는 시장 리더십이 아쉬웠다"는 정도로 칼럼 말마디가 흘렀지만, 본디 글은 이건희와 이재용 후계 지배 짜임새까지 짚었다. 이른바 '삼성 존엄'을 건드린 글이 뜨자 삼성전자 홍보 임원이 전화기를 들고 10월 27일 자 45판—서울 배달 판—인쇄가 끝나기 전에 글귀를 바꾸거나 지우고자 했다. 한데 기자가 글 알맹이를 바꿀 생각이 없자 전화가 윗선으로 이어져 B에게까지 삼성 쪽 하소연이 닿았다. 그해 11월 1일 회사 창립 40주년을 일주일 앞둔 때여서 삼성전자 홍보 쪽 마음이 다급하다 보니 기자와 주고받은 말마디가 제법 거칠었다는 뒷얘기도 들렸고.

　B는 반도체디스플레이팀장에게 전화해 이건희와 이재용에 얽힌 글귀를 바꿀 것을 바랐지만 뜻을 이루지 못했다. 반도체디스플레이팀장이 글귀를 바꿀 수 없다고 말했기 때문. 뜻이 서로 어긋나다 보니 둘 사이 말마디 높이도 높아져 거칠어진 채로 통

화가 끊겼는데 그 뒤론 팀장이 B의 전화를 받지 않아 더 이상 이야기가 이어지지 않았다. 결국 B와 맨 나중 신문 편집 책임자인─편집국장─C는 반도체디스플레이팀장 뜻을 누른 채 관련 글귀를 지웠다.

B와 전자신문 몇몇 임원은 반도체디스플레이팀장을 징계할 까닭을 '거친 말마디'에서 찾았다. 한마디로 윗사람 B에게 예절을 제대로 갖추지 못했다는 것. 참으로 어이없는 흐름이었다. 기자 쪽 버팀나무여야 할 B가 되레 삼성전자 홍보 임원 뜻대로 움직인 꼴이었으니까.

전자신문 편집국 공기가 가라앉았다. 무겁게. B와 C가 삼성전자 쪽에 선 채 기자를 짓누른 꼴이었으니까. 모든 기자 얼굴과 제호─전자신문─에 먹칠을 한 꼴이었으니까. 무겁게 가라앉은 공기가 B와 C에게도 닿은 모양인지, B가 기자들을 한데 불러 모아 어찌된 일인지 밝혀 말하고 질문도 받겠다 했다. 편집국장 C도 함께.

B 말은 가난하고 힘 없었다. 삼성전자 뜻에 거슬러선 광고 따위를 받는 데 좋을 리 없다는 게 핵심. 말하자면 '우리 함께 먹고살아야 하지 않겠니' 하는 얘기였다. 하지만 먹고살 걱정이 가장 무거웠다면야 그야말로 '비즈니스'를 할 일이지 왜 우리가 신문쟁이로 나섰겠는가. 까닭이 궁색하기 그지없으니 기자들 질문이 자연스레 B와 C의 잘못을 따지고 나무라는 화살이 됐다. 특

히 기자 황지혜는 송곳 같았다. 공정 보도 체계를 지켜야 옳다는 걸 "입사 때부터 여러 선배께 배웠다"고 말했다. B와 C를 향해 '당신이 그리 가르쳤잖아요. 한데 그걸 당신이 깨뜨려서야 되겠습니까'라고 짚은 셈.

여러 기자와 황지혜의 질문이 꾸짖음으로 들렸는지—시간이 흐를수록 더욱 낯부끄러워질 걸 느꼈는지—C가 벌떡 일어나 말했다. 모임을 그만 끝내자는 뜻으로 팔 휘저으며 B를 향해 "선배, 그만하시죠. 얘들이 경향신문이나 한겨레처럼 월급 잘 안 나오는 게 뭔지 아직 겪어보지 못해서 그래요. 더 말해봐야 소용 없다니까"라고 짓눌렀다. B와 C는 황지혜와 여러 기자와 나를 철부지로 여겼지만 낯부끄러운 건 틀림없이 그들이었을 것이다.

그날 B와 C가 짓이긴 건 사회 공기인 전자신문이요 기자들 양심이다. 짓눌린 기자들은 이대론 안 되겠다는 걸 깨달았다. 두 번째 B나 세 번째 C 같은 자의 전횡을 막아낼 틀이 있어야 한다는, B와 C 머리 위 최영상 같은 자본 쪽 주자의 입김이 편집국에 닿지 않게 할 틀이 있어야 한다는 깨달음. 결국 노동조합밖에 없었다. 이후 노조는 공정보도위원회를 만들어 편집국장을 탁자로 불러냈다. 2019년 전국언론노동조합이 올해 해낼 일로 미디어 개혁과 신문뉴스통신 편집권 독립과 공공성 강화를 내민 것도 같은 가락일 터. 한국 언론 어디나 권력과 자본 앞에 잔뜩 쭈그러든 편집권을 바로 세우기 위해 땀 흘릴 때가 됐다.

오명과 전자신문 3

과학기술부를 떠나며 내게 "곧 다시 볼 수 있을 거"라던 오명. 7개월 만인 2006년 9월 1일 건국대학교 총장이 됐다. 함께 일하던 과학기술부 차관 최석식을 학교 대외협력 부총장으로 데려가는 솜씨와 힘도 보여줬고.

나는 그러나 그해 오명을 다시 보진 않았다. 건국대학교를 취재할 일이 없었기 때문이며, 그가 나를 다시 보자 할 일도 없었다. 특히 2006년 11월 6일 내가 전자신문 정책팀으로 자리를 옮겨 방송위원회와 정보통신부와 문화관광부를 드나들기 시작하면서 오명으로부터 좀 더 멀어진 것으로 보였다.

그 무렵 노무현 정부는 방송위원회와 정보통신부를 하나로 묶어 방송통신위원회를 만들려 했는데 김대중 정부 때부터 이어진 방송·통신 행정기관 고쳐 엮기였다. 전자신문은 중앙행정기관 바꾸기 흐름을 깊이 들여다보려 했으며 특히 정보통신부를 한가운데에 둔 취재 보도 짜임새를 세웠다. 나를 방송위원회와 정보통신부와 문화관광부 출입 1진으로 자리 잡게 했고, 세 기관마다 2진 기자를 던져 넣었다. 정보통신부엔 3진 기자까지 뒀으니 무게가 잔뜩 쏠렸다.

1994년 12월 닻을 올린 정보통신부가 체신부 뒤의 것이었기 때문. 1982년 9월 22일 창간할 때부터 전자신문에 스며든 체신부 뿌리가 생각보다 질겼다. "내가 전자신문을 만들었다"던 체신부 출신 고위 공무원의 장난 같던 말마디 안에 칼이 배어 있던 셈. 결국 그때 나는 오명 손바닥 위로 되돌아간 것이었을까.

"아니, 그걸 왜 그렇게 했어요?"

2011년 정보통신 관련 한 행사에서 웅진에너지 회장 오명이 오른쪽 어깨 너머에 놓인 내 얼굴을 바라보며 미간 찡그린 채 말했다. 그해 4월 26일 전자신문 논설위원이 된 내가, 둥근 탁자에 예닐곱 사람과 함께 앉아 있던 오명 오른쪽으로 다가가 "장관님, 오랜만에 뵙습니다. 과학기술부 출입하던 전자신문 이은용입니다"라고 인사를 건넸을 때였다.

오랜만이라는 인사 차림이 되돌아오거나 가볍게 악수나 하겠다 싶었는데 "아니, 그걸 왜 그렇게 했어요?"가 불쑥하다니. 참으로 난데없었다. 2006년 2월 그가 과학기술부를 떠난 뒤 5년여 만에 본 건데 "아니, 그걸 왜?"부터 마주했으니. 나는 도무지 그 뜻을 알 수 없어 가만히 그를 바라봤다. 어떤 말이 이어질지 궁금했으니까. 말이 좀 더 이어져야 내가 '뭘 왜 그리했는지' 말해줄 수 있을 테니까. 한데 그는 말을 더 잇대지 않았다. 오명은 '그게 대체 무슨 말인가요?'라고 말똥말똥 눈으로 묻는 나로부터 얼굴을 돌려 앞을 바라보는 게 아닌가. 아무 말 없이.

자리에 더 머물 까닭이 없어 나도 뒤돌아섰다. 밑도 끝도 없는 오명 말을 곱씹으며. 내게 말한 게 맞는 건가? 내가 대체 뭘 그리했다는 거지? 2010년 12월 출간한 『미디어 카르텔: 민주주의가 사라진다』를 일컬은 건가? 오명이 그리 신경 쓸 만한 일은 아닐 듯한데.

아무래도 내게 말한 게 아닌 것 같았다. 그럼 전자신문이 한 일을 두고 일컬은 건가? 뭔가 마음에 들지 않아서? 갈피를 잡을 수 없던 내 더듬이가 '혹시 전자신문 기자에게 미치는 자기 지배력을 탁자 둘레에 일부러 내보이려 했던 것일까'로 섰다. 한자리에 앉아 있던 예닐곱 사람에게 전자신문에 닿는 자기 힘을 알게 하려고? 미리 생각해둔 게 없다 보니 밑도 끝도 없을 "아니, 그걸 왜 그렇게 했어요?"가 툭 튀어나오지 않았을까. 말똥말똥 눈으로 묻는 내게 친절히 내놓거나 덧붙일 말도 없었고. 나는 그리 짚었다. '오명이 공직에서 벗어난 터라 전자신문을 지배하는 걸 내보이는 데 거리끼거나 눈치 볼 일이 사라진 모양'이라고.

지배 구조

오명은 건국대학교 총장이던 2009년 전자신문 주식 7만 4,107주로 지분 6.98퍼센트를 가진 다섯 번째 주주로 자기 이름을 드러냈다. 대덕전자 회장 김정식이 오랫동안 가지고 있던 지분을 사들인 것. 친동생 오혁진이 20만 주로 지분 18.84퍼센트를 가져 두 번째 대주주인 채였다. 두 사람 지분을 합치면 25.82퍼센트. 그때 20만 5,000주로 19.31퍼센트를 가져 이른바 1대주주이자 전자신문 회장이던─스스로 '컨설턴트'라 일컫는─최영상보다 많았다. 오혁진 지분은 사실 오명의 것이라는 얘기가 꾸준히 들렸지만 두 사람 모두 "맞다"거나 "아니"라고 말한 적은 없다. 하여 있는 그대로 '2009년 두 사람 몫을 더한 25.82퍼센트'로만 먼저 보자.

오명은 "(전자신문에 경영 고비가 있을 때마다) 독지가를 찾아가 전자신문 주주로 참여하도록 부탁하기도 했다"는데, 그 결과로 보이는 이 아무개의 10만 주 9.4퍼센트를 오 씨 형제 몫에 더하면 35.24퍼센트. 이 아무개는 오명처럼 육사 18기였다. 오명이 과학기술부 장관이 된 2003년 12월부터 2005년 2월까지 1년 2개월 동안 육사 18기 동기회 부회장이었고. 1984년 삼군사관학교 체육대회 때 쓰라며 18기가 500만 원을 모아 육사에 줬는데 이아무개가 이바지했다. 집 한 채에 400만 원쯤 할 때. 1988년 서울 여의도에 만든 18기 동기회 사무실에 드는 돈을 뒤에서 도와줬고, 2005년 8월엔 PC와 TV를 사는 데 쓰라고 200만 원을 내놓기도 했다. 2018년 12월 21일 육군회관에서 열린 육사 18기 송년 모임 겸 정기 총회에선 동기회장으로부터 해마다 행사 "스폰서를 해줘"고맙다는 인사말을 들었고. 2019년 4월 26일 오명이 서울 종로 한 식당에서 육사 동기들에게 점심을 샀을 때 같은 탁자 건너편에 마주 앉았다. 그날 두 사람은 육사 18기 구국회장으로부터 '구국 모자'를 나란히 받아 쓴 채 웃으며 거수경례했다. 이 아무개는 오랫동안 돈이 넉넉했던 듯싶고, 금융감독원 전자공시시스템으로 전자신문 주주 명단을 볼 수 있던 2002년부터 2009년까지 내내 10만 주 9.4퍼센트를 가지고 있었다.

2006년 2월 10일 과학기술부를 떠나며 내게 "곧 다시 볼 수 있을 거"라던 건 곧 전자신문 주주로서 본디 모습을 드러내겠다는 뜻이었을까. 오명은 2010년 주식 13만 4,107주를 손에 쥐어 지분을 12.63퍼센트로 끌어올렸다. 네 번째 주주. 동생 오혁진 지분을 더하면 31.47퍼센트로 첫 번째 주주 최영상 지분 28.73퍼센트보다 많았다. 그해 최영상 지분이 30퍼센트에 가까워진 건 오명의 육사 18기 친구로 보이는 이 아무개 지분을 모두 빨아들였기 때문. 이를 두고 "오명이 거래를 허락한 결과"라는 얘기가 들렸다.

오명은 2011년에도 같은 수의 주식을 손에 쥔 채 지분 12.88퍼센트로 네 번째 주주 자리를 지켰다. 그해 오혁진은 15만 4,000주를 팔고 4만 6,000주를 남겨둬 지분이 4.42퍼센트로 크게 내려갔다. 대신 1969년 오명과 결혼한 이가 주식 6만 주 지분 5.76퍼센트를 가진 다섯 번째 주주로 얼굴을 내밀었다. 2010년까지 '기타'로 뭉뚱그린 나머지 눈에 띄지 않았던 '비상장 기업 5퍼센트 주주'가 모습을 드러낸 결과로 보였다. 세 사람 몫을 더하면 23.06퍼센트. 여전히 많았다.

2012년 전자신문 주주 명단에서 오명과 그의 짝과 오혁진 이름이 사라졌다. 오명이 말한 '전자신문에 도움 준 독지가'도 보이지 않았고. 이듬해 2월 오명은 동부(DB)그룹 전자 계열 회장이 됐다.

오명이 전자신문을 떠난 걸까. 아니, 2015년 4월 1일 '전자신문 고문'이 됐다. 그해 오명을 "외삼촌"이라 부르는 이가 주식 4만 1,651주 지분 4.00퍼센트를 손에 넣어 여섯 번째 주주가 되기도 했고. 그는 2018년 주식 5만 3,076주 지분 5.10퍼센트로 다섯 번째 주주로 올라섰다. 전자신문 간부이기도 하고. 오명의 친동생 오혁진은 1999년 3월 24일부터 2013년 3월 31일까지 14년 동안 전자신문 등기이사였다.

전자신문에 드리운 오명의 그림자가 길고 깊지 않은가. 그 힘은 어디서 흘러나온 걸까.

만년 말석

체신부. 1948년 7월 17일 한국 헌법을 만들어 널리 알린 날 정부조직법에 따라 생겼다. 2019년까지 71년쯤 묵은 것. 체신(遞信). '우편이나 전신 따위 통신'을 가리키는 말. '차례로 여러 곳을 거쳐 소식이나 편지를 옮겨주는 일'을 일컫기도 하고.

소식 옮겨주는 일로 치자면 1884년 우정총국 때부터 펼친 나랏일이니 135년이나 묵었다고도 할 수 있다. 요즘 자취로는 우정사업본부. 우정(郵政)은 '우편 행정'을 뜻하는데 3,462개 우체국이 골골샅샅 자리 잡았다. 우체국에서 값싼 휴대폰─알뜰폰─이나 예금과 보험 상품을 팔기도 하는 터라 '사업'을 덧댄 짜임새가 됐다. 한때 기상청처럼 '우정청'을 만들자는 말이 솟았으되 뜻을 이루지 못했다. 직원이 4만 2,000명이나 되고 택배 사업까지 하니 아예 공기업으로 바꾸자는 얘기도 나왔으되 역시 뜻을 이룰 수 없었다.

71년. 아니, 135년이나 묵었지만 체신부는 오명 말처럼 "만년 말석" 중앙행정기관이었다. 한국 정부 부처 가운데 언제나 맨 끝자리. 자연스레 공무원 자격 시험을 치른 이가 일하고 싶은 곳을 고를 때마다 가장 나중 것이 돼 뒤로 처졌다. 그곳으로 오명이 갔다. 전두환 패거리─국가보위비상대책위원회─에 속해 있다가 1981년 5월 28일 체신부 차관이 된 육사 18기 오명은 1987년 7월 13일까지 6년 2개월 동안 차관이었고, 이튿날 장관으로 올라선 뒤 1988년 12월 4일까지 같은 자리에 있었다. 무려 7년 7개월. 전두환은 말할 것도 없고 노태우가 청와대로 들어간 뒤에도 체신부 장관이었다.

강산이 한 번쯤 바뀔 동안 오명은 체신부 우두머리였다. 그가 차관일 때 장관이 다섯이나 있었지만 다들 1년쯤 머물다 떠나고 말았다. 체신부 직원의 눈길이 쏠린 곳 꼭대기에 누가 있었을지 쉬 가늠할 만하지 않은가.

오명은 1980년 12월 한국전기통신공사—지금은 KT—만들기를 전두환으로부터 허락받아 체신부 차관일 때 밀어붙였다. 그때 체신부 직원 수는 무려 8만 명. 이 가운데 4만 명쯤을 KT로 보내야 했다. 체신부 아래 우체국 쪽 일을 하던 사람은 남고, 전화국 쪽에 있던 이는 떠나게 했다. 1982년 3월엔 한국데이타통신주식회사—데이콤이었다가 지금은 LG유플러스—창립 발기인 대회를 체신부 회의실에서 열었다. 그 무렵 생긴 전자신문 창간에도 간여했고.

특히 오명은 1981년 체신부 차관이 되자마자 스스로 "단군 이래 최대 연구개발사업"이었다고 꾸며 말한 유선전화 자동 교환기 만들기에 눈길을 돌렸다. 교환기를 만드는 데 쓰라고 한국전기통신연구소—지금은 한국전자통신연구원(ETRI)—에 240

억 원을 몰아줬는데 그때까지 나라가 들인 연구사업비 가운데 가장 많아 "단군 이래 최대"였다고 자랑한 것이다. 10억 원짜리 국책 연구사업조차 없던 때라 돈 머릿수가 놀라웠다. 하여 오명은 '체신부 연구비를 24배쯤 키운 차관'이자 'KT를 만든 관료'이자 '만년 말석 체신부 어깨에 힘 좀 깃들게 한 꼭짓점'으로 새겨졌다. 이 체신 관료 꼭지는 크고 단단한 뒷벽이었다.

체신부 + 정보통신부

"우리 기수부터는 정통부가 인기가 있었죠."

2007년 1월 29일 정보통신부—체신부 뒤의 것—장관 정책 보좌관이던 김용수 말. 서울 세종로 한 칼국수집 국숫발 너머로 "예전엔 (오명 말처럼 만년 말석 부처로) 비인기"였지만 행정고등고시 32회부터 정보통신부 직원이 되려는 사람이 많아졌다는 자부심이 흘렀다. 그는 1987년 31회 행정고시에 합격했고 1년 뒤 32회 합격자들과 함께 공직에 들었다. 31회나 32회부터 정보통신부에 뜻을 둔 공무원이 늘었다는 건데 오명이 장관일 때였다. 체신부에 맡겨진 일과 예산이 늘어난 흐름을 타고 공무원 사이 관심이 높아진 것으로 읽혔다.

한데 "행시 33회부터였다"는 둥 "사실은 34회였다"는 둥 말하는 사람에 따라 인기가 높아진 때가 조금씩 어긋나는 게 아닌가. 나는 그게 좀 우스워 '1987년 31회부터 1990년 34회 언저리였나 보지 뭐' 하고 한 귀로 흘려들었다. "다들 유능한 분이시죠. 하지만 정통부가 생긴 건 1994년이었어요"라는, 또 다른 말 들을 때까지.

이러쿵저러쿵 모두 그런대로 옳은 소리였다. 1994년 12월 24일에야 정보통신부가 생겼으니 행정고시 31회인 김용수부터 33회까지는 체신부에서 공직 생활을 시작한 게 맞고 '만년 말석'이다가 점차 인기가 오르긴 했으니까. 뚜렷하게는 상공부와 과학기술처로부터 정보통신 쪽 기술·산업 업무를 조금씩 떼어와 덩치를 키운 정보통신부가 따로 생기고 나서야 인기가 크게 올랐을 테고. 오랫동안 한집—정보통신부—에 살며 자기들끼리 야릇한 자존심 다툼을 벌였으되 서로를 걷어차진 않았다. 체신부로부터 이어진 한 우산을 함께 받쳐 쓴 사이였으니까. 체신 관료꼭짓점 오명을 받드는. 그래야 20~30년쯤 공직에 머무르며 자리를 높이고, 앞선 사람 끌고 뒤선 이 미는 덕에 준정부기관이나 기업협회나 법무법인이나 대기업이나 정당 따위에 둥지를 틀고 오랫동안 더 웃을 수 있을 테니까. 다투기도 했으되 서로서로 돕는 짜임새까지 깰 순 없는 연합체라 하겠다.

뭉친 힘에 기대어 몇몇이 뇌물을 받은 일까지 생겼다. 1996년

2세대 이동전화 개인 휴대 통신(PCS) 사업자 뽑기가 한창일 때 정보통신부 고위 공무원 둘이 LG텔레콤으로부터 2,400만 원을 받은 혐의를 사 검찰 수사를 받았다. 한솔PCS로부터 2,000만 원씩 4,000만 원을 받은 혐의가 나오기도 했고. 두 기업이 둘에게 돈을 준 까닭은 PCS 사업자 뽑기에서 편의를 봐달라는 뜻이었다. 한솔PCS는 그때 정보통신부 차관이던 정홍식에게 1,000만 원을 줬다가 곧바로 되돌려받기도 했다. 장관이던 이석채도 PCS 사업자 선정 관련 직권남용 혐의로 검찰 수사를 받았고. 체신부와 정보통신부에 드리워 오랫동안 잊히지 않을 오명이 됐다. 2011년엔 체신부 핏줄을 탄 고위 공무원 황 아무개가 2008년부터 2011년까지 정보통신 쪽 벤처기업 사장으로부터 1억 6,000만 원이 넘는 돈을 받아 쓴 혐의가 불거진 끝에 2012년 6월 징역 2년 6개월에 벌금 3,500만 원과 추징금 3,477만 원을 물을 책임을 지고 구속됐다. 정보통신부 출신 공무원 하나는 "(황 아무개가) 방송통신위원회 화장실에서 벤처기업 사장 지갑을 빼앗아 40만 원을 꺼내갔다는 얘기까지 나와 같은 회사 후배로서 참 부끄럽고 비참했다"고 말했다(중앙행정기관 공무원 가운데 많은 이가 자기 일터를 "회사"로 일컫는다).

김용수는 2017년 3월 10일 박근혜가 파면돼 청와대에 대통령이 없는 상태로 그해 4월 차관급인 방송통신위원회―정보통신부 시장 규제 구실에 방송위원회 역할을 더한―상임위원이 됐다. 두 달 뒤 박근혜 정부가 만든 미래창조과학부—정보통신부 산업 정책 구실에 과학기술부 역할을 더한—2차관으로 자리를 옮겼고. 2018년 8월까지 문재인 정부 과학기술정보통신부—미래창조과학부와 같은 기관—2차관을 지냈다. 보기 드문 흐름이었고 박근혜 정부 국무총리 황교안이 이룬 '알 박기 인사'라는 지적이 일기도 했다. 김용수와 함께 체신부에서 공직 생활을 시작한 행정고등고시 32회에는 2019년 한국스마트그리드사업단장이었던 백기훈, 한국표준협회장 이상진, 우정사업본부 경영기획실장 정진용, 별정우체국연금관리단 이사장 김태의 들이 있다. 산업통상자원부 쪽으로 넘어간 이상진을 빼곤 모두 옛 정보통신부 우산 아래다. 31회엔 문재인 정부 과학기술정보통신부 2차관 민원기, 정보통신기획평가원장 석제범, 법무법인 율촌 고문 김준상, 한국정보보호산업협회 상근부회장 류수근, 한국전파진흥협회 상근부회장 정종기 들이 체신부와 정보통신부에서 잔뼈가 굵었다. 정보통신기획평가원 같은 준정부기관장이나 기업협회 상근부회장 임금은 보통 1억 2,000~3,000만 원쯤 되는데 부처 차관에 견줄 만한 돈 머릿수다. 법무법인 고문은 움직임에 따라 다르긴 하되 돈벌이가 더욱 쏠쏠한 것으로 알려졌다. 이들도 옛 정보통신부 우산 덕에 삶이 넉넉한 셈이다. 더할 나위 없기로는 체신부로부터 이어진 우산 덕일 테고.

한 무리. 마피아처럼. 체신부 더하기 정보통신부. 하여 '체피아.' 함께 내뿜는 입김 또는 힘이 준정부기관과 민간협회와 기업과 법무법인 따위는 말할 것도 없고 전자신문에도 닿았다.

박성득. 1938년 11월생. 1958년 국립체신고등학교를 졸업한 뒤 체신부 중앙전화국 9급 공무원으로 공직에 발을 들였다. 1970년 5회 기술고등고시에 합격해 지위를 높였고, 죽 체신부에서 잔뼈가 굵었다. 마흔한 살 된 오명이 체신부 차관으로 갔을 무렵 통신지원과장과 특수통신과장 따위를 맡아 함께 일했으며, 1998년 3월 8일 정보통신부 차관 자리를 내놓고 공직을 접을 때까지 무려 40년 동안 '체신' 관료였다.

1998년부터 2001년까지 한국전산원장, 2001년부터 KT 사외이사를 지낸 박성득은 2002년 4월 1일 전자신문 발행인이 됐다. 대표이사 사장. 2005년 12월 23일 황우석 거짓 줄기세포 사태 때문에 내게 전화한 오명이 "개인적인 대화도 나눈다"던 그 박성득이다. 2007년 3월 31일까지 5년 동안 전자신문에 있었다. 2005년 10월 전자신문 과학기술팀 기자 조윤아의 속 빈 세계줄기세포허브 보도를 가로막은 데스크 A가 벽으로 섰고, A 뒤 편집국장 B가 오명을 받들 때 박성득이 어깨를 겯는 짜임새였던 것. 그 또한 겹겹 벽 가운데 하나였다 하겠다.

박성득은 말수 적고 움직임 작은 사장이었다. 심지어 노동조합과 단체협상을 벌일 때조차 목소리가 작았다. 침묵에 싸여 속을 엿볼 수 없는 5년이었으되 박성득이 아예 움츠린 건 아니었

다. 2002년 말 정보통신부 과장 출신 한 사람을 전자신문 경영
지원실에 데려오려 한 것. 후배 공무원 하나쯤 신문사에 들여도
좋다고 쉬 생각했을까. 전자신문을 정보통신부 우산 아래 민간
협회 가운데 하나쯤으로 여긴 행태였다.

　　기자 여럿이 노동조합과 함께 막아냈다. 박성득이 전자신문
사장이 됐을 무렵엔 노동조합이 깨진 채여서 다들 어금니 사려
물고 돌아서고 말았지만 2002년 10월 노조를 다시 일으켜 세운
덕에 맞설 수 있었던 것. 그나마 작은 벽 하나를 넘어뜨린 보람
이 전자신문 노동조합과 몇몇 기자 가슴에 소중한 언론 자유의
불씨로 남았다.

앓던 이

　　한국정보통신기술협회장 박재문. 1985년 29회 행정고등고시
에 합격한 뒤 1987년 4월 특허청에서 공직에 들었다. 1992년 체
신부로 몸을 옮겼으되 총리실과 청와대에 오랫동안 파견돼 잔
뼈가 굵었다. 1993년 2월부터 1997년 6월까지 4년 4개월 동안
김영삼 정부 국무총리비서실, 1999년 6월부터 2002년 2월까지
2년 8개월 동안 김대중 정부 국무총리·대통령비서실에서 정무

행정관으로 일한 것. 2005년 4월부터 1년 동안 노무현 정부 대통령비서실 정책수석비서관실 행정관이기도 했고.

2006년 5월 노무현 정부 정보통신부 소프트웨어진흥단장이 된 박재문과 나는 서로 데면데면했다. 그해 11월 방송위원회와 정보통신부와 문화관광부를 한꺼번에 드나들게 된 내가 소프트웨어진흥단을 취재할 일이 그다지 많지 않았기 때문. 방송위원회와 정보통신부를 하나로 묶는 일—정부 조직 개편—을 들여다보는 것만으로도 나는 눈코 뜰 새 없었다. 한데 2007년 1월 박재문이 노무현 정부 정보통신부 홍보관리관이 되면서 흐름이 달라졌다. 널리 알릴 것과 알리지 말아야 할 것 따위를 두고 하루가 멀다 하고 줄다리기하는 사이가 된 것. 박재문은 청와대에 이명박 정부가 들어선 뒤인 2008년 4월에도 방송통신위원회—방송위원회 더하기 정보통신부—대변인을 맡는 바람에 그해 11월까지 나와 질긴 줄다리기를 이어갔다.

밧줄 마주 잡고 당기며 진즉 정들었다 할까. 2008년 7월 7일 저녁. 박재문이 소주잔 건네며 재미있는 얘기를 했다.

"교육과학기술부 이은우 국장 아시죠."

"알죠."

"제가 노무현 정부 때 (정보통신부) 홍보관리관 되자마자 정부 정책 홍보관 회의에서 이 국장한테 이 기자님 어떠냐고 물어본 적이 있어요."

"네? 왜요?" 귀가 빳빳이 섰다.

"아, 왜겠어요. 제가 홍보관리관 됐으니까 이제 과학기술부 출입하다가 정보통신부로 온 이 기자님이 어떤 분인지 궁금했던 거죠, 뭐."

"그래, 이 국장이 뭐라던가요?" 귀가 팽팽히 부풀었다.

"앓던 이가 빠진 느낌이라고 했어요."

"아니, 내가 뭘 그리 괴롭혔다고. 나 거기서 무지 얌전했는데…." 귀 풀고 피식 웃었다.

뜻밖. '앓던 이'라니. 부총리 오명이 있고, 그를 떠받든 전자신문 데스크 벽 A와 편집국장 B 때문에 과학기술부에서 뭘 제대로 보도한 적 없는 성싶은데. 앓던 이 빠진 듯 걱정거리가 없어져 후련하다니. 까닭이 궁금했다.

얼핏 머리를 스친 건 2005년 5월 12일 자 전자신문 1면 「나노 반도체장비 자기부상열차 등 국가 연구개발 역량 결집」 기사였다. 노무현 정부가 국가 연구개발 과제 가운데 빨리 실용화할 사업 8개를 정했다는 얘기였는데 다른 매체에 알려지지 않은 데다 수조 원이 들어가는 터라 기사가 1면에 실렸다. 나흘 뒤 전자신문 편집국으로 '과학기술부 연구조정총괄담당관 전결 공문'이 배달됐다. "3년에서 5년 안에 실용화 타당성이 높은 8개 대형 국가 연구개발 실용화 사업 과제를 우선 추진하기로 확정했다"는 알맹이가 잘못됐으니 정정 보도를 내달라는 것. "추진 과제와 세부 계획이 확정되지 않았"으니 고쳐서 바로잡아줄 것을 요구해왔다.

공문을 전결한 연구조정총괄담당관이 이은우. 나는 그의 정정 보도 요구를 섣불리 받아들일 수 없었다. '8개 대형 국가 연구개발 실용화 사업 우선 추진 과제' 제보 자료를 손에 넣었는데 세부 사업 이름과 경제 효과와 일을 주관하거나 협조할 부처 따위가 뚜렷했기 때문. 이은우보다 높은 자리에 있던 공무원이 "(2005년) 2월부터 3개월여 동안 산·학·연·관 전문가들이 10개 대형 국가 연구개발 실용화 사업 과제 예비타당성 조사를 벌인 결과 복합 양전자 단층촬영기와 액화석유가스(LPG) 버스를 뺀 8개 과제의 실용화 시점과 가능성, 경제 효과가 높은 것으로 나타났고, 8개 과제 국내 상용화와 수출을 위한 전폭적인 정부 지원이 이뤄질 것"으로 확인해주기도 했다. 하여 나는 제보 자료와 취재 내용을 바탕으로 삼아 "잘못된 게 없으니 고쳐서 바로잡을 대상이 아니"라고 봤다. 부장과 편집국장에게도 그리 말했고.

색다르고 보기 드문 정정 보도 요청이었다. 공문이 과학기술부 대변 창구인 정책홍보관리관이 아니라 연구조정총괄담당관으로부터 직접 건너왔으니까. 혹시 '너희가 알아서 잘 고치라고 으른 것'이었을까. 꼭 고쳐서 바로잡을 생각이라면 전자신문에 공문을 띄우기보다는 언론중재위원회나 법원으로 달려가는 게 훨씬 나았을 거다. 혹시 '호가호위(狐假虎威)'였을까. 내 느낌이 그리 닿았다. 전자신문과 관계가 깊은 오명—호랑이—권세를 빌려 과학기술부 공무원 이은우가 위세를 부린 것 말이다. 나는 "전결 공문이 호가호위가 아니길 바라는 만큼 참 거짓을 잘 따져 성실하게 대응하겠다"고 전자신문 편집국 안팎에 밝혔다. 알아서 고쳐줄 수 없으니 언론중재위원회나 법원에 알려 과연 바로잡을 게 있을지 어디 한번 함께 알아보자는 뜻. 이은우와 과학기술부 쪽에 생각을 밝힌 건 말할 것도 없다.

이은우 전결 공문 소동은 언론중재위원회나 법원으로 옮겨붙지 않았다. 스스로 멈춘 것으로 보였다. 그 뜻을 이루지 못한 씁쓸함 때문이었을까. 이은우가 나를 '앓던 이'라 여긴 거. 설마. 그 일 하나 때문은 아니었을 것으로 보였다.

이은우가 전결했으되 공문엔 '과학기술부 장관' 직인이 뚜렷했다. 오명과 이은우가 한뜻으로 전자신문 편집국장 B에게 정정 보도를 요구한 것. 가슴 한구석이 못내 찜찜했다. 오명과 B와 같이 움직인다면 기자 하나 주저앉히는 것이야 식은 죽 먹기였을 테니까. 나를 전자신문 과학기술팀에서 빼 다른 곳으로 보내면 그만일 터. 굳이 오명이 마운드에 오르지 않더라도 이은우 뜻만으로 넉넉했을 수도 있겠고.

이은우. 지금 한국과학기술단체총연합회 사무총장. 590여 학회와 협회와 정부 출연 연구기관을 품은 단체의 사무를 도맡은 이. 2011년 12월부터 2016년 1월까지 4년쯤 과학기술연합대학

원대학교 총장. 2008년 3월부터 2010년 4월까지 2년쯤 이명박 정부 교육과학기술부 고위 공무원. 2006년 7월 노무현 정부 과학기술부 때부터 이미 고위 공무원. 1982년 18회 기술고등고시에 수석 합격해 공직에 든 뒤 과학기술 행정으로 잔뼈가 굵은 사람. 이은우만으로도 몹시 무거웠다.

어디 이은우뿐인가. 1967년 1월 11일 박정희가 만들라 해 2개월 10일 만인 그해 3월 30일 과학기술 '처'가 생겨난 뒤 38년 동안 차곡차곡한 공무원이 2005년 오명 아래 과학기술 '부'에 가득했다. 행정고등고시와 기술고등고시와 원자력 쪽 특채 공무원이 30퍼센트쯤씩. 너나없이 쟁쟁히. 나는 다만 전자신문 과학기술팀 기자 서넛과 함께 그 빽빽한 공무원 속을 슬기롭고 재미있게 헤쳐 나가려 애썼다. 전자신문 게이트키퍼 A와 B에게 짓밟히지 않을 기사를 찾는 게 특히나 열쇠였다.

「나노반도체장비 자기부상열차 등 국가 연구개발 역량 결집」 같은 기사가 잘 먹혔다. 다른 매체보다 먼저 알고 쓴 게 뚜렷했으니 A와 B에겐 좋은 기사로 보였을 터. 하지만 열두 부처 장관을 불러 모은 가운데 오명이 회의를 주재해 결정하고 난 뒤에나 널리 알렸어야 할 일이 전자신문으로 미리 새 나간 바람에 김마저 샌 모양새. 과학기술부 공무원 사이에서 "그걸 어찌 다 알고 썼느냐"는 투정 반 칭찬 반도 솟았으니 전자신문 과학기술팀에겐 숨겨둔 도깨비방망이가 있었다. 특히 제보. 사실 확인 취재.

벽에 굽히지 않고 버티거나 조금 밀어본 몸짓 같은 거. 그 대수롭지 않은 움직임 때문에 '앓던 이'로 여겨졌다 하니 내겐 빛나는 영예였다. 기자로서 더없을 자랑거리가 됐다.

광화문 세종로

2006년 11월 6일. 나는 노트북과 수첩을 들고 체피아—체신부 더하기 정보통신부—땅 한가운데로 들어갔다. 서울 세종로 KT 광화문 지사 11층부터 14층까지. 정보통신부가 12층부터 14층까지를 가지고 있었는데 그것만으론 자리가 모자라 11층을 KT로부터 빌려 썼다. 전세 39억 원에 다달이 관리비로 7,900만 원. 그리 계약한 관계일 뿐이라지만 건물 안팎에서 'KT 위 정보통신부'가 자꾸 눈에 띄는 얼개. 1981년 오명이 체신부에서 KT를 떼어낼 때 '전화국'에 있던 사람들이 1층부터 10층까지 자리 잡기도 했다. 엎어지면 코 닿을 종로 6번지에 '우체국'에 있던 사람들이 자리 잡은 우정사업본부도 있었고(지금은 서울지방우정청만 있고 본부는 세종시로 갔다). 'KT 위 정보통신부'는 경제협력개발기구(OECD)마저 적절하지 않은 얼개라고 짚었다. 규제하는 행정기관과 규제받는 통신기업이 한 지붕을 이고 있었기 때문이다.

KT 광화문 지사 13층 정보통신부 출입기자실 전자신문 자리에 내 짐을 풀었다. 같은 건물 8층 KT 출입기자실에 전자신문 정책팀 광화문 쪽 기자 황지혜와 신혜선과 김 아무개가 번갈아 드나들었고, 홍 아무개가 방송정보통신기술 산업계를 들여다봤다(전자신문 정책팀엔 정부과천청사와 정부대전청사 쪽을 맡은 기자들이 따로 더 있었다. 청와대와 총리실을 드나든 기자도 따로 있었고).

그 무렵 정보통신부는 큰일을 앞둔 상태. 김대중·노무현 정부가 오랫동안 애쓴 방송 통신 행정기관 통합 작업을 매조져야 했다. 방송위원회와 정보통신부를 높고 낮거나 낮고 못함 없이 1 대 1로 묶어 방송통신위원회를 새로 만드는 일. 말이야 그랬지만, 사람 머릿수와 체신부로부터 이어진 행정 내력에 힘입어 정보통신부가 주도권을 틀어쥔 것으로 보였다. 정보통신부는 방송위원회를 빨아들여 합의제 규제 기구인 방송통신위원회를 만들되 자신들이 하던 산업 정책 기능을 그대로 잇댄 '정보미디어부' 같은 걸 함께 세우려 했다. 이참에 덩치를 한껏 키워보자는 뜻이 고스란했다. 무조건 자리를 늘리고 보자는 관료들의 자기 증식 욕심의 끝판으로 읽혔다.

처음엔 얼마간 뜻을 이룰 성싶었다. 그때 600명 안팎이던 정보통신부 직원 가운데 310명을 방송위원회로부터 건너온 150명쯤과 묶어 방송통신위원회를 만들고, 나머지 290명에 산업자원부·과학기술부·문화관광부 같은 곳에서 넘어온 방송정보통신 산업 정책 인력을 더해 정보미디어부를 세우려는 생각. 헤비급 중앙행정기관이 되고자 한 야무진 꿈. 하지만 깨졌다. 방송통신위원회 만들기는 미리 헤아린 대로 흘렀지만 정보미디어부가 틀어졌다. 1948년 상공부 때로부터 늘 체신부에 앞선 데다 덩치마저 더 큰 노무현 정부 산업자원부가 자기 몸을 떼어줄 생각이 없었기 때문. 되레 산업자원부 뒤의 것인 이명박 정부 지식경제부에게 우정사업본부를 빼앗겼다. 2008년 2월 기준으로 실·국장급만 열다섯이고 3급 아래 직원이 3만 1,638명인 데다 우편과 금융 사업 매출이 4조 원에 이른 우정사업본부를 잃은 건 정보통신부에게 크나큰 충격. 정보통신부 안 인사가 제대로 흐르지 않고 막히면 숨통을 틔우는 데 쓰이기도 한—여러모로 요긴한—곳을 잃었으니 자존심에 난 상처쯤은 아무것도 아닌 듯했다. 컴퓨팅 소프트웨어를 비롯한 정보통신산업 정책 기능도 함께 내준 바람에 동료 90명도 지식경제부로 옮겨갔다.

전자정부센터 기능을 함께 잃어 동료 53명이 이명박 정부 행정안전부로 갔다. 디지털 콘텐츠 업무를 따라 9명이 문화체육관광부로 가기도 했고. 나중에 그리 쪼개지고 말았지만 '이참에 덩치를 키워보려'고 다른 행정기관과 뜨겁게 맞서던 2006년과 2007년의 정보통신부 안팎에 나는 섰다. 중앙행정기관 공무원이 다른 기관과 어찌 다투는지 들여다본 것. 움직임과 뒷얘기와 공무원 습속 따위를 귀와 눈으로 찍어 수첩에 인화했다.

감시

　서병조. 지금 인천테크노파크 원장. 2009년 6월 이명박 정부 방송통신위원회 융합정책실장―1급 공무원으로 차관보―에 올랐고, 이듬해 6월 법률사무소 김앤장으로 갔다가 6개월 만인 2011년 2월 국가정보화전략위원회 운영지원단장이 돼 다시 공직에 든 사람. 2006년 11월 내가 체피아 땅으로 들어갔을 때 그는 노무현 정부 정보통신부 정보보호기획단장이었다. 그때 '단'은 다른 정부 '국'에 들어맞을 '본부'보다 조금 작은 규모였다. 당장 '본부'라 일컫기 어렵되 앞으로 그리되게 하려는 체피아 뜻이 어린 곳이었다. 정보보호기획단과 함께 전파방송기획단, 소프트웨어진흥단을 만들어둔 채 '방송위원회를 빨아들이고 정보미디어부를 만드는 꿈'을 이룰 때 덩치를 '본부'로 키우고자 했다. 꿈을 이뤘다면 이명박 정부에서 모두 '국'이 됐을 터다.

　꿈을 한창 부풀리던 2007년 2월 1일. 서울 신문로 한 음식점에서 정보통신부 정보보호기획단 간부 넷과 전자신문 정책팀 광화문 쪽 기자 넷이 만났다. 청와대에 드나드는 기자까지 함께

할 자리는 아니었고, 황지혜와 신혜선과 나와 김 아무개가 마주 앉았다. 서병조가 새로 짜인 전자신문 정책팀 광화문 쪽 기자들과 "인사가 좀 늦었지만 한번 만나자"며 바란 자리. 2005년 2월부터 10월까지 8개월 동안 노무현 정부 정보통신부 홍보관리관을 지낸 사람답게 말과 움직임이 재고 빨랐다.

그날 술이 거나하게 오른 서병조가 내 오른쪽 옆 소변기에 섰다. 나란히. 볼 일 보며 창밖 내다본다 싶던 서병조가 웅얼웅얼했으되 뭐라 말하는지 알아들을 만한 혼잣말을 "라면서요?"로 매조졌다. 정신이 번쩍. 그가 한 말은 그날 아침 전자신문 정책팀 기자 신혜선이 취재 일보로 올린 글귀 그대로였다. 문장을 앞에 두고 읽는 듯했다. 털과 뼈가 오싹. '정보통신부가 전자신문 기자 취재 일보를 들여다보고 있다!' 그들이 신문이 다루는 기사 발제—계획—알맹이를 모두 다 본다는 얘기.

전자신문 정책팀장—부국장 대우 데스크—서 아무개에게 알렸다. 편집국장 이택에게도 알려졌다. 이택에겐 두 번째 알림. 그가 부국장이던 2006년 5월 내가 전자신문 편집국에 일보로 올린 '과학기술부 출입기자단 간사 선출 뒷얘기'가 이른바 '지라시'로 옮겨져 나돌았다. 누군가 PC 위 컨트롤 C와 컨트롤 V 버튼을 잇따라 누른 게 뚜렷해 보였다. 해킹을 당했을까. 회사 안 일보를 몰래 밖으로 빼돌린 자가 있었을까. 혹시 돈을 받고 팔았을까. 조용히 전자신문 안을 살핀 끝에 광고국 간부가 담당

대기업 쪽에 신문 인쇄 전 편집 대장을 건넨 게 드러나기도 했지만 편집국 일보가 빠져나간 자취를 찾진 못했다. 2007년 2월 서병조를 만날 때까지 끊이지 않고 샌 것. 그 뒤로도 꾸준히 새지 않았을까. 샜다면 서병조뿐만 아니라 체피아 모두가 벽 너머에서 전자신문 편집국을 내려다보고 있었던 셈. 어쩌면 나는 내내 체피아 손바닥 위에서 춤췄을 성싶다.

포럼2020

"이 기자님. 공부하는 모임이 하나 있는데 함께 하시겠습니까."

"공부요? 웬 공부? 하하, 싫습니다."

"하하, 말하기로는 공부인데 사실은 그냥 좋은 사람끼리 가볍게 막걸리 한잔하는 모임입니다. 이 기자님, 막걸리 좋아하시잖아요."

"말씀 주신 건 고마운데 사실 제가 정보통신부 출입기자단 수요 스터디를 떠맡았고, 작은 연구 모임도 하나 있는데 오가는 얘기가 어려워서 머리 터질 것 같거든요. 그래서 새로운 모임에 가기가 좀…."

"저희 모임은 어려운 공부를 하지는 않습니다. 아이들과 함께 하기도 하는데요, 뭐. 딱딱한 공부보다 좋은 사람끼리 가볍게 어울리는 모임이라고 생각하시면 될 것 같아요. 회원 자녀도 준회원으로 보고 함께하는 행사를 마련합니다."

"하하, 그런 모임이라면야 좋죠."

포럼2020. 옛 정보통신부 과장 이 아무개가 내게 이 모임을 권한 게 2007년 12월이다. 말과 달리 포럼2020은 무거웠다. 특히 이 아무개가 나를 모임에 함께할 만한 사람으로 보증하는 체계. 그렇다고 덜컥 회원이 되는 것도 아니어서 집행부가 나름 싹을 지켜본 뒤 받아들인다는 게 아닌가. 회비도 있어 1년 치를 한꺼번에 내야 했다. 여러모로 탐탁지 않았지만 이 아무개의 소개가 있었던 데다 '취재할 만한 곳'으로 느꼈기에 나는 조용히 웃었다.

모임을 만든 이는 2007년 12월 말 이명박을 위해 청와대 대통령직인수위원회에 파견됐던 중앙행정기관 공무원 김 아무개. 둥지 튼 기관에서 국장급 간부가 되기 전에 청와대로 들어가 선임행정관으로 움직인 사람. 정부 부처 과장이 회원 수 150명쯤 되는 모임을 얼마든지 만들 수 있겠으나, 포럼2020 안 여러 얼굴은 본심이 따로 있어 보였다. 온전히 김 아무개의 힘이었는지, 그가 몸을 넣은 이명박 정부 청와대가 뒷배로 작용했는지는 뚜렷하지 않지만 다들 한가락씩 할 듯했다.

중앙행정기관에 몸을 둔 이가 모임을 만들었기 때문인지 공무원이 많긴 했다(그들이 머문 일터와 자리 높이는 2007년 12월 노무현 정부 말과 2008년 2월 이명박 정부 시작 전쯤 것으로 보면 된다). 청와대에서 온 이가 셋인데 둘은 메시지 기획하던 사람과 의전 행정관. 나머지 하나는 어떤 일을 했는지 뚜렷하게 밝히지 않았다. 국무총리실에서 규제 개혁 기획하던 이. 지금은 국민권익위원회가 된 국가청렴위원회에서 온 이가 넷인데 셋은 간부였고, 한 사람은 위원장 비서. 외교통상부에서 온 이가 셋인데 FTA국이 있던 통상교섭본부 사람 둘과 북미 통상을 맡았던 이. 방위사업청에서 방위산업정책 짜던 이와 전력 혁신 기획하던 사람. 조달청 전략 기획하던 이. 국방부 국제협력관실 사람. 재정경제부 보험제도과에 있던 이. 정보통신부 팀장 셋. 정보통신윤리위원회 간부. 통일부 팀장. 중소기업청 간부. 건설교통부 팀장. 중부지방국세청 조사관. 공정거래위원회 간부 셋과 사무관 하나. 교육인적자원부와 해양수산부 간부 한 사람씩. 특허청 사무관. 식품의약품안전청 과장. 한국산업안전공단 국장. 그리고 산업자원부 로봇 팀장 심학봉. 그는 2008년 3월부터 2010년 8월까지 2년 6개월 동안 이명박 정부 청와대 경제수석비서관실 선임행정관이었다. 2012년 5월 경북 구미시갑에서 19대 국회 새누리당 의원으로 뽑혀 2015년 8월까지 3년 3개월 동안 움직였다. 짝이 아닌 사람을 성폭행했다는 혐의와 화간 여부를 두고 여러 말이 오간 끝에 검찰 조사에 이르자 2015년 8월 3일 스스로 국회의원을 그만뒀다. 2017년 3월엔 경상북도 김천에 있는 한 전자업체로부터 뇌물 2,770만 원을 받은 책임을 지고 대법원에서 징역 4년 3개월이 확정됐다.

　중앙행정기관에 이어질 일이 많은 준정부기관과 대학 사람도 적잖았다. 한국전자통신연구원 책임연구원. 한국원자력연구원(KAERI) 박사. 한국원자력의학원(KIRAMS) 방사선의학 연구자. 한국개발연구원(KDI) 국제정책대학원 교수. 한국과학기술원(KAIST) 인문사회과학과와 바이오시스템학과 교수 한 사람씩. 한국행정연구원(KIPA)에서 규제 연구하던 이. 대외경제정책연구원(KIEP) 연구원 둘. 한국소비자보호원(KCA) 시험검사소 팀장. 국립독성연구원 팀장. 강원대 약학대학 교수. 국립한밭대학교와 이화여자대학교 교수 한 사람씩. 연세대학교 철학과 교수. 건양대학교 무역학과와 생활체육학과 교수 한 사람씩. 한양여자대학 영어과 교수. 고려대학교 문과대와 의과대 교수 한 사람씩. 가천대학교 의과대 조교수. 문화관광부 한일문화교류회의 연구원. 동국대학교 기계공학과 교수. 성균관대학교 물리학과 교수. 영남대학교 사범대 교수. 한남대학교 법과대 교수.

　국회의원 보좌관은 뜻밖에도 한 사람뿐이었다. 법조는 좀 있었다. 법무법인 대표 변호사. 법무법인 보통 변호사 셋. 법률사무소 변호사. 특허법률사무소 변호사와 변리사 둘씩. 법무법인 율촌 변호사. 법률사무소 김앤장 변호사 둘. 대전지방법원 홍성지원에 있었는데 "김앤장에 가기로 했다"던 판사. 법무법인 케이씨엘(KCL) 구성원 변호사—2018년 드루킹 인터넷 불법 댓글 조작 사건 진상 규명 특별검사—허익범. 그리고 수원지방검찰청 부부장 검사 김용남. 2008년 1월 10일 서울 종로 YMCA 뒤편 막걸릿집에서 열린 포럼2020 광화문 소모임 탁자에 마주 앉은 그에게 나는 물었다. "회사가 수원에 있는데 왜 광화문 모임에 나왔느냐"고. "강남 모임이 활성화하지 않은 것 같아서 왔다"는 그. 청와대와 가까운 광화문 모임에 나오려 애쓴 결실인 것인지는 밝혀지지 않았으되 김용남은 2014년 7월 수원시병 재보궐 선거에서 19대 국회 새누리당 의원으로 뽑혀 2016년 5월까지 1년 11개월 동안 움직였다. 2019년에도 새누리당 뒤의 것인 자유한국당에서 꾸준히 움직이는 게 눈에 띄었다.

언론 쪽 사람도 있었다. KBS 기자와 아나운서 셋씩. KBS 라디오 제작국 사람. CBS 아나운서. 서울경제신문 기자 둘. YTN 보도국 편집 쪽 사람 둘. 경향신문과 서울신문과 세계일보와 조선일보 기자 하나씩. NHK 서울지국 기자. 더불어 눈에 띈 주한 미국상공회의소 대외협력을 맡는 이와 호주연방정부 무역대표부 사람. 그리고 나.

이명박이 청와대로 들어가기 이틀 전인 2008년 2월 23일 오후 2시 30분부터 대통령직인수위원회 기획조정위원 박형준이 포럼2020에서 정부 정책 방향을 풀어놓는다기에 서울 서초동 옛 오비맥주 본사 지하 1층으로 갔다. 포럼2020을 만든 김 아무개가 대통령직인수위원회에 있던 때라 이명박 정부 시작 이틀 전임에도 박형준에게 특강을 청할 수 있었던 것으로 확인됐다. 그날 이명박 정부 얼개 바꾸기 흐름과 정책 방향을 두고 여러 걱정과 질문이 이어지자 박형준은 "많이들 걱정하시는데 이명박 정부가 그렇게 천박하게 하지는 않을 거예요"라고 말했다. 웃으며. 이명박은 그러나 감옥에 갔다.

2008년 4월 26일 서울 종로 한 음식점에서 열린 포럼2020 모임 때 '여긴 역시 나와 맞지 않아. 내가 더 함께할 만한 곳이 아니'라는 걸 거듭 깨달았다. 모임에 얼굴 내민 게 서너 차례에 지나지 않았지만 갈 때마다 '내가 있을 곳이 아닌 걸' 느꼈다. 특히 그날엔 내 유전자 절반을 품고 태어나 초등학교 2학년이 된 친구와 함께 자리한 가운데 몹쓸 말 들은 터라 일찍 자리를 털고 일어났다.

"저는 2020년에 우리 포럼에서 대통령 후보가 나오면 좋겠습니다."

포럼2020을 만든 김 아무개 말. "2020년이 대선이 있는 해는 아니지만 그때쯤 대통령 후보를 낼 수 있을 만큼 우리 포럼이 커지기를 바란다"고 그는 잇댔다. '좋은 사람들 모여 즐겁게 막걸리 한잔하거나 아이들과 함께 공부하는 모임이라 하더니 웬 대통령 후보? 내가 함께할 곳이 아닌 게 뚜렷했다.

김 아무개 스스로 대선에 나서고픈 거였을까. 설마. 포럼2020에서 대통령 후보감을 찾고 자신은 뒷배로 서려 했을까. 속마음이 무엇이든 모두 옳지 않은 일. 시민 심부름꾼인 중앙행정기관 공무원이 권력을 꾀하려 든 것 아닌가. 참으로 큰 심부름꾼—대통령이나 정치인—이 되려는 마음이었다면 아예 공직을 내려놓고 정치 마당에 나섰어야 옳다. 청와대에 몸담은 채 자기가 만든 모임에서 대선 후보감을 살펴 찾을 게 아니라. 2019년 7월 여전히 중앙행정기관 고위 공무원인 김 아무개는 앉은 자리를 좀 더 높였다.

2019년 여름. 포럼2020은 2022년 3월 9일에 있을 20대 대선에 후보감을 내놓을 만한 처지가 아닌 성싶다. 몇몇에게 물어보니 뜻밖에 일이 잘돼 몇 년 전 모임이 깨진 모양. 김 아무개를 비롯한 핵심 세력이 뭉쳐 꾸준히 큰일을 꾀할 수도 있겠지만, 2020년 5월 30일 21대 국회의원 선거를 발판 삼아 2년 뒤 20대 대선 후보로 클 만한 이도 눈에 띄지 않는다. 혹시라도 누군가 툭 비어져 나온다면? 나는 그에게 돋보기부터 들이대겠다. 포럼 2020과 어찌 맺어졌는지. 김 아무개와는 특히나 어떻게 이어졌는지. "얼굴에 점이 많았는데 아는 성형외과 의사가 그냥 다 빼줬다"고 자연스레 말하는 공무원이나 그 사람 둘레에선 대선 후보 같은 큰 심부름꾼이 나타날 리 없을 듯해서다. 이상한 자 몇몇 때문에 시민이 내내 괴로우면 곤란하니까.

시민이 피 같은 세금 모아 공무원에게 월급 주는 건 나랏일 잘 보살펴달라는 뜻이다. 헌법 7조 1항에 '공무원은 국민 전체에 대한 봉사자이며, 국민에 대해 책임을 진다'고 정해졌듯 시민을 위해 힘 바쳐 애써달라는 뜻이기도 하고. 한데 마피아처럼 뭉쳐서는 늙도록 오래 앉아 있을 자리 수나 늘리고 더 큰 권력을 탐해서야 쓰겠는가. 잊지 말라. 공무원이 잘 모시어 받들 이는 시민이다. 국장과 차관과 장관보다 시민에게 더 큰 힘 있다. 장차관이나 국장이 민주주의 틀을 흔들면, 사사로이 공익을 깨면 꼭 호루라기를 불라. 시민은 올곧은 공무원을 끝까지 지켜줄 용의가 있다.

5장

삼성이거나 SK, 아니면 LG

한통속

    기업 쪽 사람. 포럼2020에 없을 리 없던 한동아리. 기업 크기에 상관없이 적잖은 사장과 임원이 보였다. 이명박 정부 청와대에 닿는 줄―포럼2020을 만든 김 아무개와 대통령 비서실 몇몇 행정관―이 내 눈에만 띌 리 없을 터. 특히 큰돈 들이지 않고 2세에게 회사를 물려주거나 세금 떼먹다 들켜 감옥 갈 일 많은 기업주를 모시는 사람에겐 나름 맺어둬야 할 줄일 걸로 읽혔다(이들이 머문 일터와 자리 높이도 2007년 12월 노무현 정부 말과 2008년 2월 이명박 정부 시작 전쯤으로 보면 된다).

    삼성물산 상무. 그는 나중에 부사장으로 올라선 뒤 삼성그룹 부회장 이재용 아래 미래전략실에 갔다. 이재용의 할아버지 이병철 밑 비서실과 아버지 이건희 아래 구조조정본부와 마찬가지인 곳. 삼성 집안 꼭짓점에 가까운 사람이었다. 더불어 삼성물산에서 건설 전략 짜던 이와 에너지 쪽에 있던 사람. 삼성반도체와 삼성SDS 팀장 한 사람씩. CJ 회장실 팀장. 현대산업개발에서 서울과 춘천 사이 고속도로를 깔던 간부. 현대기아자동차 감사실과 연구개발팀원 한 사람씩. 포스코 감사실 보좌역. 법무보험팀원을 비롯한 한진해운 사람 둘. SK텔레콤 매니저. 한글과컴퓨터 기획본부에서 일한 이. 대한투자증권 기업금융부 사람.

HD종합개발과 바텔코리아 이사 한 사람씩. 극단 사계 서울공
연본부 사람. 코래드와 오범코리아와 인큐브테크와 비츠로넷과
FKM과 플롯 대표 한 사람씩. 그리고 석향기획 대표 정 아무개.

2008년 1월 10일 서울 종로 막걸릿집에서 열린 포럼2020 광
화문 소모임 탁자 맞은편에 앉은 수원지방검찰청 부부장 검사
김용남을 처음 봤을 때 정 아무개는 내 왼쪽에 있었다. 그는 내
게 '한나라당 부대변인' 명함을 건넸다. 2008년 18대 총선에서
대구시 동구갑 한나라당 공천을 바랐다가 쓴잔을 든 뒤 당 기독
인회 총무로 움직이는 모습이 고스란했다. 정 아무개는 "대구엔
경험 삼아 갔고, 다음 (19대) 총선에선 수도권에서 치열하게 경
합해 당선하려는 의지가 있다"고 말했다. 그건 그가 마흔아홉—
1960년생—에 꾸는 새 꿈으로 보였다. 명함을 뒤집으니 그의 일
터. 현대원색문화와 한국장애인이워크협회 이사이자 도서출판
석향과 석향기획 대표. 서울 중구 을지로 3가가 삶 텃밭이었다.

1년쯤 뒤인 2009년 1월 26일은 설날이었고, 다시 일주일
뒤—2월 2일—281회 국회 1차 문화체육관광방송통신위원회
가 열렸다. 회의를 시작하고 5분쯤 지난 오후 3시 35분 통합민
주당 의원 전병헌이 정부 정책 홍보물 「2009 설 고향 가는 길」
을 문화체육관광부 장관 유인촌에게 들어 보이며 물었다. 얼마
나 만들어 배포했느냐고. "10만 부 정도 한 것 같다"는 유인촌.
"우리가 조사하기로는 거의 50만 부"라는 전병헌. 별일 아니라

는 유인촌과 제대로 답하라는 전병헌 사이 말마디가 점점 무거워졌다. 홍보물이 고향 가는 고속도로 톨게이트와 공항에 42만 9,000부, 기차 안에 6만 부, 우편으로 1,100부가 흩뿌려졌기 때문. 담긴 내용도 "미디어산업발전법은 대한민국 경제의 새로운 성장동력"이라는 등 "뉴스는 다양해지고 볼거리는 많아진다"는 등 이명박 정부가 밀어붙이던 것. 통합민주당 의원 장세환이 전병헌을 거들며 유인촌과 주고받는 입씨름이 더욱 뜨거워졌다. 「2009 설 고향 가는 길」이 그해 7월 22일 한나라당 국회 날치기로 미디어 관련법을 바꿔 조선·중앙·동아일보에게 종합편성방송채널사용사업—종편—을 내주는 흐름에 앞선 땅 다지기 가운데 하나로 보여서다.

꿍꿍이

석향기획. 국회 안 입씨름으로 일이 마무리될 듯싶던 때 내 눈에 띈 이름. 문화체육관광부뿐만 아니라 방송통신위원회에서도 6쪽짜리 홍보물 「미디어 빅뱅, 지금 우리가 준비할 때입니다」를 30만 부나 뿌렸는데 간기(刊記)를 보니 석향기획에서 만든 게 아닌가. 정 아무개는 "방통위가 기획하고 만화가를 섭외해

30만 부를 제작했다"고 내게 털어놓았다. 그는 2007년 "17대 대선 때 한나라당 중앙선거대책위 기독교위원회에서 출판을 담당해 여러 정보 보고서와 홍보물을 제작했고, 판촉물을 인쇄하거나 기획 편집 디자인했다"며 하던 일을 했을 뿐으로 여겼다.

나는 2009년 2월 5일 자 전자신문 인터넷판 기사 「MB 정책 홍보? '석향'에게 물어봐!」를 썼다. 석향기획이 방송통신위원회 홍보물 30만 부뿐만 아니라 2007년 문화체육관광부가 발행한 「건국 60주년 기념 정책 홍보책자」 3만 부도 제작했다고 전했다. 국무총리실과 농림수산식품부와 보건복지가족부가 함께 기획한 식품 안전 홍보물 편집에 참여한 사실도 알렸고. 짧게 썼으되 알릴 걸 제대로 짚은 기사였다.

그날 오후 정 아무개로부터 전화가 왔다. "유감"이라며. "석향기획은 한 파트에 관여한 정도에 지나지 않습니다. 일부 관여해 진행한 것일 뿐"이라고 말했다.

"포럼2020 회원 가운데 청와대에 있는 사람들과 맥이 닿아 정부 홍보물을 제작할 수 있었던 것 아니냐"는 내 물음. "나는 인수위(로 가는 건) 탐내지 않았고 (국회의원) 공천에 욕심 있었다"는 정 아무개 대답. 물음과 대답이 어긋났으되 '포럼2020이나 청와대 덕은 아니'라는 주장으로 들렸다. 그럼 한나라당 덕일 수 있었을 터. 그는 "이명박 정부가 출범한 뒤로는 개인 사업을 할 뿐"이고 "한나라당 부대변인도 (이제) 안 하고 싶다"고 말했다. 이 말 또한 내 물음에 어긋났으되 '포럼2020이나 한나라당 덕을 보며 사업하진 않는다'는 주장으로 읽혔다.

방송통신위원회 안팎에서 반응이 나왔다. 방송통신위원회 담당 과장은 기사가 뜬 걸 이미 알고 있었고, "과에서 (이러쿵저러쿵 말하기) 부담스럽다"며 더 궁금한 건 "석향에 물어보시라"며 내 물음을 피해갔다. 어금니 사리물고 등 돌린 채 벽으로 선 것. 석향기획 정 아무개도 그날 오후 방송통신위원회나 포럼2020 쪽에서 귀띔해줘 기사를 본 뒤 내게 전화한 것으로 보였다. 하지만 내가 기사를 고치거나 인터넷에서 내릴 뜻이 전혀 없는 걸 알자 그 또한 벽 뒤 침묵 속으로 사라졌다.

찻잔 속 바람. 지금과 달리 그 무렵 신문사 인터넷판 기사는 쉬 사그라들 한숨거리에 지나지 않았다. 종이 신문 광고주에게 끌려다니는 목맨 송아지 꼴 언론사가 발길에 채던 때였으니까. 내 기사 「MB 정책 홍보? '석향'에게 물어봐!」도 종이 신문에 오르지 않은 채 인터넷판에 머물다가 쉬 삭아서 잊혔다. 기사가 그리 묻히고 말았으니 포럼2020 속 청와대 사람 몇몇과 정 아무개와 방송통신위원회 신경에 조금 거슬린 데 지나지 않았을 터. 한나라당 신경에도 아주 조금 거슬린 데 지나지 않았을 테고. 이명박 정부와 한나라당 서슬이 퍼런 때라 팔 걷고 나선 경찰이나 검사마저 없었다. 그동안 하지 못할 일 없을 것 같지만 하고프거나 할 수 있을 만한 수사만 가려 하는 검경 때문에 속 끓이고 피

눈물 쏟는 시민이 많았다. 지금도 그렇고. 게으른 검경을 다잡는 감찰 체계와 고위공직자범죄수사처가 하루빨리 시민 손에 있어야 할 까닭이다.

초록동색

최영상. 편집국장 위 등기 이사로 자리를 높인 B와 편집국장 C가 전자신문에서 득세했을 때 대표이사 회장. 스스로 컨설턴트라 했고 "기업 인수합병이나 구조조정 전문가"로 불렸다. 컨설팅소프트웨어그룹과 프라이스워터하우스쿠퍼스컨설팅코리아와 메타넷과 에이티커니코리아 따위에서 사장이거나 회장이었으니까. 오랫동안 그리 움직였으되 2006년 9월 전자신문 회장이 되고 나서야 어디서 뭘 하던 사람인지 조금씩 알려졌다. 기자들도 취재하러 드나들던 곳에서 "전자신문 새 회장이 뭐 하던 사람이에요?"라는 질문을 듣고 나서야 주섬주섬했을 만큼 최영상을 알지 못했다.

최영상은 아닌 게 아니라 정말로 컨설턴트였다. 전자신문 편집국 토양을 '공정 보도'보다 '매출'로 다졌다. 그가 임원 회의에서 "전자신문은 5명이 만들어도 된다"며 기자 머릿수를 줄이라 했다는 얘기가 들렸을 지경. 실제로 최영상이 회장이 됐을 때 80명쯤이던 편집국 취재 기자가 4년여 만에 서른으로 쪼그라들었다. 전자신문 편집국이 한때 120명에 닿았던 걸 헤아리면 4분의 1 토막.

2010년 12월 전국언론노동조합 전자신문 지부가 일어섰다. 신문 밑바탕을 흩뜨리는 움직임을 보고만 있을 수 없었기에. 언론 자유와 공정 보도 체계를 지킬 생각보다 수익에 마음을 기울인 최영상에게 "경영에서 즉각 손을 떼라"고 요구했다. 노동조합은 그때 웅진에너지 회장이던 오명에게도 신문사와 어울리기 힘든 최영상 경영 실태를 알렸다. 그가 머물던 서울 충무로 극동빌딩 앞에서 손팻말 시위를 벌였고, 얼굴을 맞대기도 했다. 그해 오명은 자기 지분 12.63퍼센트와 동생 오혁진 지분 18.84퍼센트를 더해 전자신문을 31.47퍼센트쯤 지배할 개연성이 컸다. 같은 때 최영상 지분은 28.73퍼센트. 전자신문 노동조합은 오명에게 '대주주로서 최영상을 억누를 책임'을 바랐다.

노동조합이 일어선 지 3개월여 만인 2011년 3월 25일 최영상이 물러났다. 노동조합이 이긴 것. 엿새 만인 그달 31일 최영상을 따르던 B도 그만뒀다. B처럼 편집국장 위로 자리를 높이려던 C 또한 전자신문을 떠나야 했고.

같은 날인 2011년 3월 31일 "전자신문 공채 4기 기자"인 걸 앞세우고는 하던 구원모가 새 대표이사 사장이 됐다. 하여 전자신문 편집국 토양이 '매출'보다 '공정 보도'를 무겁게 여기는 짜임새로 바뀌었을까. 아니, 달라지지 않았다. 바뀌어 달라지지 않은 까닭은 무엇이었을까.

풀색과 녹색. 돈. 같은 색깔이었다. 구원모는 2013년 1월 11일 두 살 터울 둘째 친형, 김 아무개 들과 함께 기업투자목적 유한회사 이티네트웍스를 만들어 그해 2월 28일 자본금을 61억 원으로 불린 뒤 이 회사 이름으로 전자신문 지분 26.18퍼센트를 사들였다. 이때 전자부품기업 미래나노텍과 디스플레이테크도 각각 30억 원을 들여 전자신문 지분을 13.09퍼센트씩 26.18퍼센트를 사들였는데 구원모 쪽과 우호 관계로 뜻을 맞췄다는 얘기가 들렸다. 하여 구원모는 지분율 52.36퍼센트에 달하는 지배력을 누리게 된 것으로 알려졌고, 관련 지분은 2012년까지 최영상이 가졌던 29.29퍼센트와 최영상 쪽 관계사 메타넷에스엔씨의 19.89퍼센트 따위를 사들인 결과였다. 한데 그 무렵 "구원모 뒤에서 최영상이 전자신문을 계속 지배한다"는 얘기가 떠돌았다. 최영상과 구원모가 절반씩 돈을 태우기로 하고 이티네트웍스를 만들었다는 것. 이티네트웍스 이사 김 아무개가 최영상 쪽 사람이라는 얘기도 들렸다. 2019년에도 "구원모 뒤에 여전히 최영상이 있다"는 제보가 있었는데 증거까지 드러나진 않았다. 이티네트웍스가 유한회사인 터라 얇은 망사를 뒤집어쓴 듯했다.

유령회사

구원모의 둘째 형은 경기도 안양시 장내로에 있는 지하 2층 지상 7층짜리―연건평 4075.73제곱미터―건물을 바탕으로 삼아 부동산임대업과 프로그램개발공급업을 하는 자본금 1억 원짜리 ○○건설 지분 30퍼센트를 가진 이. 그 회사 회장이다. 구원모도 ○○건설 지분 20퍼센트를 가졌다. 더불어 누이가 15퍼센트, 남동생과 외척 한 사람이 10퍼센트씩을 가진 가족 기업으로 확인됐다. 특히 1999년부터 구원모와 누이와 동생이 안양시 장내로의 ○○건설 소유 건물을 담보로 삼아 농협중앙회·하나은행·기업은행으로부터 2억 4,000만 원에서 4억 2,000만 원씩 빌려 쓰기도 해 가족이 나눠 쓰는 자산으로 보였다. 건물이 들어선 땅 네 필지도 구원모와 손위 둘째 형과 어머니 소유로 드러났다.

○○건설은 2018년 4월 기준으로 기업은행에 대표이사와 주요 임원―가족―의 과수원과 밭과 근린생활시설 따위를 담보로 내주고 52억 4,000만 원을 빌려 쓴 상태. 단기 차입 설정 금액이 62억 8,800만 원에 달했다. 2017년 말까지 누적 결손금이 21억 3,500만 원인 데다 유동 부채가 유동 자산 48억 6,500만 원을 넘어선 것으로도 드러났다. 이를 감사한 회계법인이 "유동 부채 대부분을 차지하는 은행 차입금을 지배주주인 주요 경영진

의 부동산 담보 제공으로 만기를 연장해오고 있다"고 풀어낸 걸 보면 회삿돈이 넉넉하지는 않은 듯싶다. 특히 "(구원모 손위 둘째 형인) 대표이사와 대표이사 특수관계인이 보유한 부동산을 (기업은행 단기 차입금의) 담보로 제공"하고 "대표이사가 연대보증"한 것으로 확인됐다. 은행에서 돈을 빌려 쓰느라 과수원과 밭과 건물 따위를 담보로 내주고 연대보증해야 할 만큼 살림이 넉넉하지 않은 ○○건설 제1·2주주 형제. 두 사람은 2018년 5월 10일 이티네트웍스 등기 이사로 나란히 취임했다. 구원모는 대표이사. 2013년 1월에 만들어 전자신문 지분 26.18퍼센트를 손에 쥘 때 쓴 이티네트웍스 등기부에 두 사람 이름만 올라 있는 것. 처음엔 최영상 쪽 김 아무개와 구원모, 2016년 1월엔 주·유 아무개와 구원모였는데 2017년 3월 31일 자신들을 뺀 나머지 관계를 모두 끝냈다.

이티네트웍스 주소는 어디일까. 경기도 안양시 장내로에 있는 ○○건설 소유 건물 안이다. ○○건설 주소도 그곳이고. 등기상 주소가 그랬는데 좀 이상했다. 2019년 8월 8일 찾아가 살피고 건물 관리인에게 물었는데 사무실 같은 건 "없다"는 대답이 돌아왔다. 닷새 뒤인 8월 13일에도 같은 대답. 실제로 모든 층에 PC방과 당구장과 카페와 술집과 화장품 가게 들만 있을 뿐. 사무실에 가까울 법한 시설은 건물 관리인이 쓰는 1층 주차장 옆 0.5평 남짓한 공간이 전부였다. 건물 관리인은 ○○건설과 이티네트웍스를 알지 못했다. 두 회사 사무실도 "없다"고 거듭 확인했고. 한 베테랑 회계사는 이런 실태를 두고 "두 회사가 유령 회사일 가능성이 있다"고 짚었다. 사무실이 없음에도 회사를 살려둘 수 있는 건 "국세청에서 실사를 나가기 전까지는 사무실이 실제로 있는지를 알 수 없기 때문"이고 "처음에는 있었는지 모르겠지만 지금은 직원이나 사무실이 없고 휴폐업 처리도 안 되어 있으면 통상적 관념에서 유령 회사"라고 덧붙였다. 한 회계법인 이사도 "요즘엔 (△△빌딩 같은) 근린생활시설을 법인의 주된 사업장으로 쓸 수 있게 허가해주지 않는다"며 "(이티네트웍스는) 거의 페이퍼 컴퍼니겠네요. 건설사에서 투자목적법인이나 유동화 회사를 할 때 페이퍼 컴퍼니로 하고는 한다"고 말했다. 회사 이름만 살려둔 채 "절세나 자금, 회계 처리를 위해 (사무실과 직원 없이) 그렇게 하는 경우가 있습니다. 직원을 두고 월급 줄 생각도 없고 법인만 이용하는 것"이라고 설명했다. 구원모와 그의 둘째 형은 사무실조차 제대로 꾸릴 수 없을 만큼 넉넉하지 않은 ○○건설 살림에도 어떻게 61억 원이나 되는 이티네트웍스 밑돈을 마련할 수 있었을까.

침묵

벽 뒤 침묵 속 의혹. 2019년에야 실마리 하나가 눈에 띄었다. 실타래가 얼마나 엉켜 있는지는 뚜렷하지 않았지만 실마리를 내 엄지와 검지 사이에 두고 집어뒀다. 풀어보려고. 잡아당길 실마리는 전자신문 감사보고서에 담긴 '단기 차입금.' 2017년 기업은행 서울 신당역점으로부터 30억 원을 빌린 게 새로 적혀 올랐는데 2018년에도 같은 내용이 이어졌다. 의문은 이 차입금에 달린 주석. "당사는 상기 기업은행과의 대출 약정과 관련해 대표이사로부터 지급 보증을 제공받고 있습니다." 이거 어디서 듣거나 본 듯한 얘기 아닌가. ○○건설 단기 차입금! ○○건설은 2018년 4월 기준으로 기업은행에 과수원과 밭과 근린생활시설 따위를 담보로 내주고 52억 4,000만 원을 빌려 썼다. 단기 차입 설정 금액이 62억 8,800만 원이고. 이를 감사한 회계법인이 "유동 부채 대부분을 차지하는 은행 차입금을 지배주주인 주요 경영진의 부동산 담보 제공으로 만기를 연장해오고 있다"는 이야기 말이다. 다른 곳도 아닌 '기업은행'에서.

서너 해 전 전자신문 안으로부터 제보가 있었다. 이티네트웍스를 만들 때 지분 납입금이 모자라자 구원모가 기업은행에서 돈을 빌려 댔는데 전자신문이 보증을 섰다는 것. 제보 하나, 이티네트웍스 설립 자본금 61억 원 가운데 40억 원을 최영상이 냈고 나머지 20억 원을 구원모가 내기로 한 가운데 12억 원을 기업은행에서 빌릴 때 전자신문으로 하여금 보증을 서게 했다는 것. 제보 둘, 최영상과 구원모가 40억 원씩을 내기로 했는데 구원모가 20억 원만 낸 뒤 나머지 20억 원을 기업은행에서 빌리느라 전자신문 보증을 구했다는 것. 사실이라면 배임일 수 있다. 구원모의 이익—전자신문 주식 취득—을 위해 회사에 재산상 손해를 끼친 흐름이기 때문.

베테랑 회계사는 30억 원짜리 기업은행 단기 차입을 두고 "차입 주체가 회사이기 때문에 대표이사가 담보를 제공했다고 하더라도 일차 의무는 전자신문에 있다. 이자 비용도 회사가 내고"라고 짚었다. 그는 또 구원모의 이티네트웍스 지분 납입금 대출이 전자신문 보증으로 이뤄졌고, 그 돈을 대표이사 지급 보증 대출금으로 바꿔놓은 게 사실이라면 "분식 회계요 배임일 것"이라고 봤다. 현직 부장 검사도 "회사 이름을 빌려 개인 이득을 취했다면 당연히 배임이 성립할 가능성이 높다"고 말했다. 구원모뿐만 아니라 그가 받은 대출금을 전자신문이 보증해준 걸 알고 있었거나 도움을 준 자의 공범 여부를 두고는 "도와줬으면 당연히 공범이지만 실제로 왜 그랬는지는 살펴봐야 할 것"이라고 덧붙였다.

그동안 꾸준히 입길에 오르내리긴 했으되 실체가 드러나진 않았는데 2017년과 2018년 전자신문 감사보고서로부터 실마리가 돈은 셈. 2015년 12월 7일엔 "구원모가 회사에서 10억여 원을 빌려 (기업은행) 대출금을 갚았답니다. 벌써 수개월 된 얘깁니다"라는 제보도 있었다. 사실이라면 이 돈 10억 원과 2017년부터 지급 보증된 30억 원을 더해 기업은행으로부터 빌려 썼으되 배임에 얽힐 수 있는 돈이 40억 원을 넘길 만한 흐름이다. 배임이라면 구원모에겐 오래전부터 전자신문 대표이사 자격이 없었을 터. 검찰이나 경찰이 살펴 배임인지를 가려내야 할 것으로 보였다.

구원모가 지급 보증한 전자신문의 기업은행 대출금 30억 원이 배임에 얽히지 않았더라도 아무 탈 없는 흐름은 아니었다. 베테랑 회계사는 "전자신문이 가진 토지의 담보 여력이 충분한데 부동산 담보 대출이 아닌 대표이사 지급 보증 대출을 이용한 이유가 무엇일지" 궁금해했다. 회사 땅 공시가격이 74억 원으로 차입금 총계 60억 원보다 많았기 때문. 회계법인 이사도 전자신문의 기업은행 단기 차입금 30억 원을 구원모가 보증한 짜임새를 두고 "정상적이지는 않다"고 봤다. 2013년 전자신문 지분을 손에 넣을 때 회사가 보증을 서준 의혹을 두고도, 사실이라면 "비정상적"이라고 짚었고. 일련의 행위가 배임인지를 두고는 법조 쪽에서 "판단할 부분"이라 했다.

2019년 8월 구원모에게 전자신문의 기업은행 대출금 30억 원을 지급 보증한 까닭을 연거푸 물었지만 묵묵부답. ○○건설과 이티네트웍스 사무실 위치가 어디인지, 직원은 몇 명인지도 물었지만 말이 없었다. "얘기할 내용이 없다"고 말했을 뿐이다. 그의 손위 둘째 형 구 아무개에게도 ○○건설과 이티네트웍스 사무실 위치와 직원 수, 경기 안양에 있는 회사인데 굳이 기업은행 서울 성동(신당역)점에서 대출한 까닭이 무엇인지를 거듭 물었지만 대답하지 않았다. 특히 전자신문에 투자한 계기가 무엇인지를 물었지만 "그건 왜 물어보세요? 밥 먹고 할 일이 없어요?"라는 말이 돌아왔을 뿐 답변다운 걸 내놓지 않았다. 구 씨 형제가 대출한 무렵 기업은행 쪽 관계자에게도 경기 안양 소재 이티네트웍스가 서울 성동점에서 대출한 까닭과 금액 따위를 물었지만 "퇴직한 지가 오래돼 기억이 잘 안 난다"고 말한 뒤 연락이 닿지 않았다.

되돌아온 신문

풀색 최영상처럼 녹색 구원모도 '공정 보도'보다 '매출'을 무겁게 여긴 자취가 곧 드러났다. 사장이 된 지 8개월 만인 2011년 11월 SK가 하이닉스반도체를 사들일 뜻을 분명히 했을 때. 전자신문 기자 서동규가 그달 14일 자 기사 「SK "하이닉스 CEO 찾습니다"」를 썼다. 기사는 13일 아침 발제와 오전 오후 편집회의를 거쳐 6시께 인쇄한 14일 자 전일 가판 2면에 실렸고, 지방 배달 판인 15판과 30판 인쇄로 이어졌다.

11월 13일 밤. 전일 가판 기사를 본 SK텔레콤 사장이 구원모에게 전화해 "공식적으로 하이닉스 대표이사 선임 건을 논의한 적 없다"고 말했다. 구원모는 전자신문 편집국장 E에게 SK텔레콤 사장 말을 전화로 전했다. E는 그날 밤 10시 10분께 SK텔레콤 임원으로부터 "팩트가 다르다"는 말을 듣고는 "데스크에게 내용 확인을 다시 요구했고 10시 15분께 윤전기를 멈추라고 지시했다"고 주장했다.

공정 보도 체계를 심각하게 깨뜨린 행위. 2011년 11월 14일 아침 경기와 서울 일부에 배달할 45판 인쇄를 앞둔 무렵이었고, 지방으로 가던 30판 신문 배송 자동차를 되돌렸다. 그때까지 찍어 배달할 곳으로 나누어지던 모든 신문을 쓰레기로 만든 것. SK 기사를 들어내고 2면을 다시 편집한 뒤 새벽 내내 신문을 새로 찍어 돌렸다.

1면에 담지도 않은—2면—기사를 빼려고 지방으로 가던 신문까지 되돌려 쓰레기통에 버린 건 전자신문에서 처음 있는 일. 참으로 우스운 꼴이었다. SK텔레콤 쪽 전화 몇 통 때문에 그 소동이 일었으니. 특히 E는 그달 13일 아침 기사 발제에 따른 오전 편집회의를 주재했고, 이런저런 기사 무게에 따라 담아낼 지면 위치를 정하는 오후 회의까지 맡아 했다. 편집국장이었으니까. 오후 4시 30분 기사 마감과 6시 초판—전일 가판—인쇄는 말할 것도 없고 지방 배달 판까지 온통 E가 맨 나중 결정을 했다. 그걸 스스로 뒤집다니. SK텔레콤 임원과 구원모의 전화 한두 통에. 편집국장은 바깥뿐만 아니라 전자신문 사장의 압력도 마땅히 튕겨내야 한다. 그게 공기를 올바로 쓰는 거니까. 한데 E는 그릇을 뒤집었으니 제 얼굴에 침 뱉은 꼴이었다. 1982년부터 2011년까지 29년 동안 쌓인 전자신문 제호의 권위와 기자의 명예에 먹칠을 했다.

과연 풀색과 녹색은 같은 색. 전국언론노동조합 전자신문 지부가 "광고주 눈치 보기를 넘어 언론사이기를 포기한 비상식적 행위"라고 지적했음에도 E와 구원모는 잘못을 돌이켜 본 결과를 내놓거나 사죄하지 않았다. 특히 E는 그 일을 왜 그리 보느냐고 되묻기까지 했으니. 언론 자유와 공정 보도를 향해 난 길을 따라 걷는 전자신문 기자들에게 높이를 헤아릴 수 없는 벽으로 섰다. 오랫동안. 삼성이거나 SK, 아니면 LG에 쉬 휘둘렸다.

아니나 다르랴. 구원모는 2012년 3월 전자신문 주주 정기 총회를 앞두고 서울 양평동 윤전 공장에 눈독을 들였다. 더 좋은 윤전기를 찾으려 했을까. 아니, 윤전기 아래 땅 1,244.6제곱미터를 팔아버리려 한 것. 땅은 2011년 시가로 150억 원—2019년 장부 금액 108억 원—은 너끈히 받을 수 있을 것으로 여겨졌다. 그 걸 팔면, 곧바로 수익이 늘어 전자신문 주주에게 칭찬받을 성싶 었을까. 그걸 팔면, 머릿수를 줄이고 줄여 10명쯤으로 끌어내린 인쇄 노동자마저 한꺼번에 내보낼 수 있을 성싶었을까. 구원모 는 윤전기를 가진 채 신문을 찍는 것보다 다른 신문사에 인쇄를 맡기는 게 낫다고 주장했다. 윤전기가 있을 때와 없을 때 돈 들 어가는 흐름을 견준 표 따위를 노사협의회에 내밀었다. 전자신 문 주주에게는 윤전 공장을 팔아 다른 기업을 사들일 밑돈을 마 련할 생각을 밝힌 것으로 드러났다.

김유경. 그때 전국언론노동조합 전자신문 지부장. 그가 전자 신문 인쇄 노동자 10명과 함께 구원모에 맞섰다. 노동조합과 회 사가 맞선 셈. 2012년 3월 15일 오전 9시 전자신문 주주 총회가 열린 서울 여의도 63빌딩 앞에 김유경과 인쇄 노동자가 한데 모 여 윤전 공장을 팔지 말라고 한목소리를 냈다. 전자신문 본사 안 팎에서 플래카드와 손팻말 시위가 이어졌고, 더욱 잘 맞서기 위 해 노동조합 총회도 열렸다.

나는 전국언론노동조합 전자신문 지부 총회에서 인쇄 조합원 뜻을 지지한다고 말했다. 1995년 4월부터 17년 동안 전자신문에 서 땀 흘린 노동자로서 마땅히 할 만한 이야기를 한 것. 인쇄 노 동자와 윤전기와 공장 땅을 지켜야 한다고 생각했다. 그게 전자 신문이 바로 설 길이요 나아갈 쪽이라 여긴 건 말할 것도 없다.

다시 삼성

밉보였을까. 인쇄 노동자 쪽에 선 뒤 열닷새가 흐른 2012년 3월 30일 오후. 전자신문 편집국장 F가 내게 4월 1일 자 "정보사업국 출판팀 발령"을 알렸다. 직무를 바꿔 자리를 옮기라는 것. 그때 나는 12개월째 부장 대우 논설위원이었다. 4월 2일 정보사업국장 G는, 17년 동안 기자였던 내게 "당분간 출판팀을 도우라"고만 했다. 뒷날 "나(G)는 네가 출판팀에서 3개월을 버티지 못할 걸로 봤다"고 말했고.

린치. 잔인한 폭력이었다. F는 논설위원인 나를 출판팀으로 보낼 자격이 없었다. 논설위원실과 편집국이 따로따로였으니 내게 인사 발령을 알릴 만한 자리에 있지도 않았던 것. 2012년 3월 8일부터 논설위원실장 자리가 빈 걸 구실로 삼아 마구 그리했을 터. 함부로. 사장 구원모가 나를 향해 품은 뜻이 F 말에 고스란했다.

나는 "잘못된 인사니 바로잡으라"고 말하지 못했다. 1년쯤 전인 2011년 4월 26일 '부장 대우' 논설위원이 됐을 때부터 노동조합원 자격을 잃어 오로지 홀로 맞서야 했기 때문. 오래전 누군가 노동조합 운영 규약을 별생각 없이 그리 만들었고, 부장으로 올라선 사람 가운데 계속 노동조합과 함께할 뜻을 가진 이도 없었기에 별문제 없이 그냥 흘렀던 것. 나는 몸 이리저리 뒤척이며 잠 이루지 못한 채 노동법에 따라 "부당한 인사 발령이어서 바로잡아야 한다"고 말할 수 있는 기한인 3개월 동안 끙끙 앓았지만, 결국 홀로 일어서지 못했다. 2011년 4월 26일 회사가 나를 갑작스레 '부장 대우'로 끌어올렸을 때 혹시나 하는 낌새를 맡긴 했으되. 결국 설마에 사로잡힌 사람이 되고 말았다.

유린. 모질게 짓밟혔다. G는 나를 방치하다가 이래선 안 되겠다 싶었는지 내게 출판팀 신입 사원이 하던 일을 맡겼다. 그마저 모자란다 싶었는지 내 고등학교 3년 후배를 출판팀장 자리에 앉혔고. 내 윗자리에 앉은 그 고등학교 후배가 나를 제대로 다룬(?) 끝에 2014년 8월 24일 전자신문이 나를 부당 해고한 사태의 빌미를 만들어냈다. 나는 전국언론노동조합 전자신문 지부와 함께 부당 해고 구제 다툼과 전자신문 앞 손팻말 시위를 벌여 4개월 만에 이겼다. 서울지방노동위원회에서 부당 해고였음을 인정받아 그해 12월 24일 복직한 것.

있던 자리로 돌아가 하던 일을 맡지 못한 게 허방다리. 전자신문은 나를 광고국 경인센터로 보냈다. 전자신문이 인천 송도에 만든 유배지. 쥐며느리 기어다니고 전기마저 끊기기도 한 그곳에서 나는 다시 방치됐다. '정직(停職)한' 한 달을 견디기도 했는데 전자신문이 나를 부당 해고로 몰아친 까닭뿐만 아니라 이것저것 더 덧붙인 결과였다. 이는 애초에 전자신문이 나를 정직

한 달이면 넉넉할 구실로 부당히 해고한 걸 방증했다. 내가 백번 뒤로 물러나 두 손 다 든다손 치더라도 해고는 말도 안 될 명예 살인이었다.

2014년 8월 24일 부당 해고로 짓밟혔을 때 삼성이 다시 눈에 들어왔다. '나를 부당 해고한 건 떡 본 김에 지내는 제사일 수 있겠구나.' 떡은 이은용 해고. 제사는 삼성과 관계 개선. '어쩌면 돌 하나로 셋을 잡으려 든 것일 수도 있겠구나.' 돌은 이은용 해고. 셋은 삼성과 관계 개선, 이은용 없애기, 노동조합 힘 빼기. 벽 너머에 옹송그린 여러 말마디와 꼼수 냄새가 피어올라 내게 닿았다.

전국언론노동조합 전자신문 지부장 김유경은 2012년 말 노동조합 운영 규정을 바꿔 누구나 가입할 수 있게 했다. 2013년 1월 3일 나는 첫 부장급 노동조합원이 됐고 대의원으로 움직였으며 그해 11월 부지부장이 됐다. 이듬해—2014년—7월 노동조합 집행부 회의에서 그해 11월에 있을 전국언론노동조합 전자신문 지부장 선거에 내가 나서기로 뜻을 다졌다. 회사가 이런 흐름을 지켜보는 걸 느꼈을 뿐만 아니라 "차기 지부장 선거에 나가기로 했다면서요?"라고 내게 묻는 이가 많아진 무렵 혹시나 하는 낌새를 맡긴 했으되. 설마. 돌—부당 해고—을 던질 줄이야. 전자신문 안 몇몇이 그리 무리한 건 결국 삼성에게 웃는 낯을 내보이고 싶었기 때문으로 읽혔다. 2014년 3월 17일 자 전자신문 21면에 기사 「출시 코앞 갤럭시 S5, 카메라 렌즈 수율 잡기에 안간힘」이 실린 뒤로 나를 해고한 8월까지 5개월째 삼성전자와 정정 청구 다툼이 이어졌다. 삼성전자가 3월 18일 '1면 중앙 3단'에 정정 보도를 해달라고 전자신문에 요구하자 편집국장 D와 그를 따르던 부장들이 분개했다. 뜻밖에도. 공정 보도 체계보다 매출을 높이 샀던 B와 C를 뒤따른 경력직 기자 출신 편집국장 D가 삼성전자와 분연히 맞서겠다 한 것. 21면 기사를 두고 1면 한가운데에 3단 크기로 정정해달라는 삼성 쪽 요구가 어이없어 자존심이 상하긴 했겠지만 맞서 싸우겠다는 결론은 자못 뜻밖. "편집국 대오단결"이라는 말까지 솟아 삼성전자와 맞서겠다 했으니 참으로 흥미진진했다.

'갤럭시 S5'를 '아이폰 6'보다 먼저 선보여 그해 휴대폰 시장을 미리 틀어쥐려던 삼성에게 "카메라 렌즈 생산 수율이 20~30퍼센트에 불과해 제품 생산에 차질이 빚어질까 걱정"이라는 기사는 매우 아팠다. 특히 '갤럭시 S5'의 강점으로 1,600만 화소 카메라 기술력을 자랑한 삼성의 얼굴에 생채기가 났다. 외신을 타고 상처가 해외에도 알려진 탓이었을까. 삼성전자는 그해 4월 11일 125개국에 '갤럭시 S5'를 출시했지만, 유럽에선 첫날부터 공짜 폰을 풀어야 했다. 같은 날 미국에선 '원 플러스 원' 행사를 벌여 소비자를 꾀어야 했을 지경. 보도에 깊게 베인 삼성전자가 전자신문을 향해 칼을 빼어 든 까닭으로 읽혔다.

손바닥 뒤집기

더욱 뜻밖이었던 건 사장 구원모의 말. 2014년 3월 25일 노사 협의회에서 "(전자신문으로 들어오는) 삼성 돈이 1년에 27억 원쯤 되는데 주주들께 올해는 그것 없이 가겠다고 말씀드렸다"는 게 아닌가. 전자신문 안 여기저기를 돌며 같은 말을 했다. 자랑스레. 27억 원을 포기하고 삼성과 맞서겠다니. 좀처럼 믿기지 않았다. 하루아침에 '공정 보도 전사'로 탈바꿈한 걸까. 언론사 사장답게 살려고 마음을 새로 다진 걸까. 27억 원이면 1년 매출의 9퍼센트쯤이니 다른 곳에서 좀 더 끌어오면 될 거라 여겼을까.

손바닥은 그러나 곧 뒤집혔다. 2014년 4월 3일 삼성전자가 기사를 쓴 기자 이형수와 전자신문을 상대로 3억 4,000만 원짜리 손해배상 청구 소송을 일으켰다. 그해 7월 9일엔 "삼성을 겨냥한 공격 기사 160여 건을 무차별로 쏟아냈다"며 삼성전자 몇몇 사업장에서 구독하던 전자신문을 끊었다. 상당한 규모였다. 그 사이 광고를 끊은 건 말할 것도 없고. '이래선 안 되겠다' 싶었을까. 아니면 '삼성에게 너무 쉽게 대들었다' 싶었을까. "애초 기사에 문제가 있었다"는 둥 "이쯤에서 삼성과 화해할 때가 되지 않았느냐"는 둥 편집국장 D의 "대오"가 무너지기 시작했다. 한데 그쯤에서 두 손 들고 뒤로 드러눕기는 어려울 것으로 보였다.

삼성전자와 다투는 전자신문을 두고 언론계뿐만 아니라 수많은 시민의 손뼉이 이어졌기 때문. 하여 속 끓인 끝에 내게 돌—부당 해고—을(를) 던진 것 아닐까. 동쪽에 소리 내고 서쪽을 치듯. 전자신문 창간 32년 만에 처음 나온 부당 해고 노동자에게 안팎 눈길 옮겨가 다들 정신없을 때 슬쩍 삼성 사태를 풀어내려고. 앞서 짚어봤듯 떡 본 김에 지낸 제사이거나 돌 하나로 셋 잡기였을 개연성이 있다.

2014년 9월 26일 뒤집힌 손바닥 모습이 온전히 드러났다. 전자신문 19면 오른쪽 아래에 오른 알림. "갤럭시 S5에 적용된 카메라 렌즈 수율은 보도 시점 당시 양산을 시작하는 데 문제가 없는 수준이었고, 이에 따라 갤럭시 S5 생산도 당초 계획대로 진행된 것으로 확인됐다"고 게재했다. 그해 3월 17일로 시곗바늘을 되돌려 그때 그 기사 알맹이를 뒤집은 것.

6개월 만에 뒤집힌 손바닥 때문에 후끈 달아오른 낯부끄러움은 전자신문에서 땀 흘리던 200여 노동자 모두의 몫이요 전자신문을 거쳐 간 수많은 선후배 노동자의 부끄러움이었다. 전자신문 제호에 한 먹칠이었기 때문이다.

D는 "삼성과의 협상에서 우리가 오보를 인정하고 '정정 보도'를 한 것이 아니"라고 강변했다. D와 함께 삼성과 '협상'했다는 부국장 하나는 두 손 바짝 든 '알립니다'를 두고 '자기 협상 능력 덕에 이룬 성과'로 꾸미려 들었다. D를 따르던 부장들도 6개

월 전 "대오단결"했던 것처럼 함께 두 손 들고 돌아섰다. 오로지 2009년 말 삼성 때문에 '정직(停職)'했던 부장 하나만 그릇된 결과라고 짚었을 뿐이다.

D와 D를 따르던 부장 몇몇과 사장 구원모와 달리 전자신문 기자들은 삼성 사태 끝을 "항복"으로 읽었다. 그 뒤로 쌓인 건 뭘 해본들 될 리 없을 것이라는 패배주의. 삼성 사태가 끝나고 1년 반쯤 흐른 뒤 한 언론사 기자가 내게 한 말. "전자신문, 읽을거리 없고 힘 떨어진 지 오랜데 전자신문 사람들만 모르는 것 같아요." 씁쓸했다. 내 20년 땀과 웃음과 한숨이 고스란한 곳이었으니까. 안타까웠다.

신개념 뉴스

신문기자에게 종이 신문은 마지막 품위이자 얼굴이요 마음이다. 신문 높낮이를 온전히 드러내기 때문. 인터넷판으로 뭘 찢고 까불든 종이에 담는 건 달라야 한다고 너나없이 느낀다. 느끼지 못하거나 생각조차 없다면 그는 기자라기보다 대서인이요 '기레기'일 개연성이 크다.

2012년 9월 25일. 자본에 신문이 짓밟힌 본보기가 불거졌다.

전자신문 창간―1982년 9월 22일―30주년 사흘 뒤였다. 최영
상이 대표이사가 된―2006년 9월 20일―지 7년째였고. 그날 종
이 신문에 서울우유협동조합이 새로 내놓았다는「두 가지 맛 신
개념 주스」소개 기사가 올랐다. 상품 사진도 함께. 주스 한 통
안에 오렌지와 포도 즙을 따로 담아 두 가지 맛을 모두 맛볼 수
있으니 새롭다는 것.

놀라웠다. 30년 된 전자신문에 처음 오른 주스 기사였으니까.
오랫동안 정론직필하려 애쓴 여러 선후배 기자는 말할 것도 없
고 전자산업 진흥 정책에 도움이 될 듯해 신문 등록을 받아준 전
두환이나 허문도마저 놀랄 만한 일로 보였다. 한국 방송정보통
신 기술과 산업과 문화에 파고들어 30년 탑을 쌓은 전자신문에
서 웬 '두 가지 맛 주스'란 말인가.

낯부끄럽게도 그 기사는 500만 원짜리에 지나지 않았다. 그 무
렵 유행한 협찬금. 독자가 광고보다 기사를 더 믿는 터라 얼마간
돈을 줄 테니 광고 대신 기획 기사를 써달라는 기업이 늘었다. 협
찬을 보험처럼 쓰는 기업도 많았는데 껄끄러운 보도가 나오기
전에 두루두루 입막음하는 돈으로 여긴 것. 매체를 값싸게 길들
이는 돈으로 쓰이기도 했고. 한 매체에 큰돈 들여 광고를 하면 다
른 곳에서도 득달같이 달려들어 "우리에게도 광고를 달라"고 조
르고는 했는데 그걸 피할 꼼수로 쓰이기도 했다. 신문이 협찬에
눈독 들일수록 헐값에 몸이 더 깊이 매이는 짜임새였다.

서울우유 쪽에서 500만 원을 협찬했는데 회계 처리에 필요하다며 '광고 아닌 기사 게재'를 요구하자 전자신문 광고국 직원이 편집국 한 부장에게 기사를 써 달라 한 것으로 드러났다. 500만 원에 30년 동안 쌓인 독자 신뢰를 저버린 것. 방송정보통신 시장·산업 노동자와 행정 관료도 '신개념 주스'를 맛볼 수 있게 잘 알려주려는 뜻이었을 것으로 이해해줘야 할까. 아니, 지면 낭비요 공기를 더럽힌 꼴. 두 가지 맛 주스 이야기는 더욱 잘 알릴 수 있는 다른 매체에 맡겼어야 했다. 500만 원도 돌려줘야 옳았겠지만 매출 압박을 견디지 못한 광고국 직원이 기어이 전자신문 30년 탑을 뒤흔들고 말았다.

편집국 부장은 더욱 나빴다. 「두 가지 맛 신개념 주스」 무게가 가벼운 걸 잘 알았음에도 직접 기사를 써 자신이 맡은 종이 신문 지면에 담았다. 스스로 낯부끄러웠을까. 기사에 자기 이름이 아닌 후배 기자 바이라인(by-line)을 달았다. 도덕마저 저버린 것. 후배 기자는 신문이 인쇄된 뒤에야 「두 가지 맛 신개념 주스」 기사에 달린 자기 이름을 봤다.

전국언론노동조합 전자신문 지부 공정보도위원회가 문제를 제기했다. 전자신문에 그나마 남아 있던 언론 자유 불씨. 2012년 12월 7일 여덟 번째 전자신문 공정보도위원회 안건으로 「두 가지 맛 신개념 주스」가 올랐다. 광고국 직원과 기자의 품위를 저버린 부장을 무겁게 징계해야 한다는 결론이 났다. 후배 기자 이름까지 훔쳐 썼으니 두말할 나위가 없었던 것. 한데 자본에 거듭 찔려 피 흘린 전자신문 편집국엔 이미 딱지까지 단단히 내려앉은 뒤였다. '매출' 먼저 '공정 보도' 나중이 된 지 오래였으니까. 500만 원 때문에 대서하고 도덕마저 저버린 부장은 별일 아니라는 듯 부국장으로, 다시 국장으로 자리를 높였다. 다만 기자 사이 가장 큰 꽃이라 할 편집국장이 되지는 못했는데, 그리 된 까닭은 스스로 잘 알리라.

자본이 물린 재갈

전자신문뿐이랴. 한국 언론계가 크고 작은 자본—기업—에 쉬 휘둘렸다. 협찬이 들끓어 기사인지 광고인지 모를 글과 그림이 신문과 방송에 넘쳐났다. 먹고사는 게, 특히 많이 먹는 게 먼저라는 듯 천연스레 공정 보도 체계를 깨뜨렸다.

2015년 9월 16일 박근혜 정부 방송통신위원회가 매일경제신문 계열 종합편성방송채널사용사업자 MBN에게 과태료 1,000만 원을 물렸다. 보도 프로그램에서 한국전력공사와 농협에게 광고 효과를 준 행위를 꾸짖은 것. MBN은 2014년 10월 25일부터 12월 27일까지 두 달 동안 보도 프로그램 〈경제 포커스〉 안 방송 소품이랍시고 농협 하나로마트가 파는 과일과 해산물 따위를 화면에 드러냈다. 진행자가 상품을 입에 올리기도 해 보도 프로그램인지 광고인지 모를 방송을 내보냈다. 2014년 12월 6일엔 한국전력공사가 같은 효과를 누리게 했다. 신뢰를 스스로 깎아내린 행위였다. 같은 날 방송통신위원회는 MBN 광고를 대신 파는 MBN미디어렙에게도 과징금 2억 4,000만 원을 물렸다. 광고 판매를 대행하는 자가 MBN 방송 프로그램 편성에 영향을 끼친 행위를 꾸짖은 것. 자본—기업—앞에서 언론이 얼마나 쉬 흔들리는지 잘 드러난 일이었다.

MBN 사건이야 그나마 눈에 띄어 과징금과 과태료를 물어야 했지만 물밑에선 더 많이 더욱 쉬 휘둘렸다. 2012년 3월 전자신문 논설위원실장 자리가 비었을 때 LG전자 홍보실 부장으로부터 전화가 왔다. 전일 가판에 뜬 사설(社說) 두 꼭지 가운데 하나 안 두세 글귀가 LG전자에게 껄끄럽다는 것. 논설위원실장이 없으니 논설위원인 내게 물어온 건데 내가 쓴 사설은 아니었다.

이튿날 전자신문 사설 한 꼭지 안에 있던 그 두세 글귀가 사라졌다. LG전자 홍보실 부장이 전자신문 안 이리저리로 전화를 두어 번 더 걸어 뜻을 이룬 것. 신문 얼굴 글인 사설마저 기업 홍보실 부장에게 간단히 휘둘리는 짜임새. 말은 자본이 건 전화 서너 통에 쉽게 비참히 휩쓸렸다.

그로부터 11년 전. 나는 2001년 7월 11일 자 전자신문 〈기자

수첩〉으로 「LG전자와 LG정보통신은 한 가족?」을 썼다. 2000년 9월 1일 LG전자가 LG정보통신을 빨아들여 품은 뒤 1년쯤 지났는데 한 가족을 이룬 게 맞느냐는 물음. LG전자 대표이사 부회장이던 구자홍이 힘줘 밀어붙인 통합이었는데 여전히 두 가족인 듯했다. 실제로 2,000여 LG전자 노동조합원은 조합을 만든 날인 5월 30일에 맞춰 하루 쉬었고, 1,300여 LG정보통신 노동조합원은 7월 5일을 따로 기렸다. 인사 고과와 임금 체계 따위가 엇갈려 서로 힘겨워하기도 했고. 시민께 그리 알린 뒤 한동안 잊었는데 LG전자 홍보실 임원과 마주 앉은 날 하소연이 들렸다.

"그때 그 〈기자수첩〉 때문에 우리 식겁했잖아요. 부회장실에서 팩스가 왔는데, 구자홍 부회장이 친필로 '같은 기자가 같은 크기로 LG전자와 LG정보통신 통합 효과가 좋더라는 기사를 쓰게 하시오'라고 적었더라니까."

"하하하! 그런데 내겐 왜 말 안 했어요?"

"〈기자수첩〉인데 어떻게 말해요. 말한들 들어줄 리도 없잖아."

맞다. 들어줄 리 없었다. 그게 그 무렵 기자와 기업 홍보 임원 사이 질서요 예의였다. 한데 IMF 사태 뒤로 11년여 동안 신자유주의 탐욕이 활짝 다 핀 흐름을 타고 기업은 한국에서 가장 덩치 크고 힘센 자가 됐다. 전화 한두 서너 통으로 기사 알맹이를 바꾸거나 아예 들어내는 힘을 가진 자. 전자신문에겐 특히 삼성이거나 SK, 아니면 LG였다.

쌈짓돈 씀씀이

차례나 갈피를 도무지 잡을 수 없어 머리가 지끈댔다. 이석우. 방송통신위원회 아래 시청자미디어재단 첫 이사장. 2015년 5월 18일부터 2017년 3월 21일까지. 그가 한 말과 움직임을 어디서부터 어찌 더듬을지 헤아릴 때마다 갈래 나뉠 어름을 찾지 못한 나는 끝내 드러눕고 말았다. 끝을 알 수 없을 듯해서.

이래선 아무것도 안 될 성싶어 증거가 뚜렷한 것부터 짚었다. 2015년 7월 23일 오후 1시 50분 서울 여의도 국회대로 70길 23번지 시청자미디어재단 건너편 편의점에서 법인카드로 4만 5,000원이 결제됐다. 이사장 직책수행경비 카드. 한데 이석우가 영수증을 내놓지 않았다. "잃어버렸다"고 말했다나. 이사장 부속─비서─실에서는 할 수 없이 '휴지통과 분무기와 손님 접대용 차·다과'를 사며 쓴 기타운영비라고 품의했다. 한데 편의점에 가 살펴보니 차와 다과는 그럴듯했지만 휴지통과 분무기가 보이지 않았다. 물어보니 "휴지통과 분무기를 판 적이 없다"는 편의점 쪽 말. 2015년 7~8월에도 휴지통과 분무기를 팔지 않았단다. 결국 이석우가 잃어버렸다던 영수증이 나왔다. 4,500원짜리 담배 10갑. 일─직책수행─하며 담배를 피웠다고 말하기가 껄끄러웠을까. 짚어둘 것 하나. 담뱃값까지 시민이 마련해준 법인카드로 치른 건 좀 심하지 않은가. 시민 방송 참여와 권익을 높이는 데 쓰라고 마련해준 시청자미디어재단 이사장 직책수행 경비로 담배를 사 피웠다는 얘기에 '그럴 만하다'고 고개를 끄덕일 사람이 몇이나 될까.

이석우는 법인카드 소액 결제를 두고 "해명 다 했어요. 그런 데 (방송통신위원회가) 안 받아줬어요. 내가 사적으로 쓴 게 하나도 없다"고 주장했다. 하지만 담배 영수증 같은 게 나오자 "소액 결제가 부적절한지 몰랐어요. 나는 업무하고 있는 중이니까 내 업무카드 쓰면 되는 거지 이렇게 생각했고, 내가 소명 다 했는데 방통위가 안 받아줬다"고 말했다.

법인카드 씀씀이 가운데 만 원이 되지 않는 걸 줄줄이 내보인 끝에 나온 말이었다. 정보 공개 청구로 손에 쥔 이석우 법인카드 씀씀이를 보니 만 원 아래 결제가 다섯 차례나 됐다. 2015년 7월 8일 서울 여의도공원 홈○○○ 샌드위치 9,000원, 7월 10일 스○○○○ 김해공항점 4,000원, 7월 12일 자○○ 9,000원. 그해 8월 7일 택시비 9,600원, 8월 10일 광주 이○○ 9,500원.

"소명 다 했다"던 이석우 주장과 달리 홈○○○ 샌드위치 9,000원과 스○○○○ 김해공항점 4,000원과 광주 이○○ 9,500원은 영수증 따위가 없어 국고로 도로 거두어들여졌다. 일요일이던 2015년 7월 12일 시청자미디어재단 부근 중국 음식점 자○○에서 쓴 9,000원도 홀로 식사했을 개연성이 커 알맞은 직책수행

씀씀이였는지 의문시됐다. 9,000원짜리 음식은 오로지 '특청양고추짬뽕'뿐. 그 밖에는 5,000원짜리 짜장 한 그릇과 4,000원인 한국산 소주나 맥주 한 병을 곁들여야 9,000원이 될 수 있되 두 사람이 함께 먹을 만한 메뉴는 아니었다. 이걸 일하며 카드를 썼다고 인정해줘야 할까. 방송통신위원회 감사팀은 자○○에서 쓴 9,000원을 도로 거두어들이지 않았다.

2015년 9월 30일 점심나절인 12시 28분 이석우는 시청자미디어재단에서 국회 쪽으로 200미터쯤 떨어진 편의점에서 '250밀리리터 인스턴트 커피 3개 외' 무엇인가를 법인카드로 샀다. 4만 8,600원. 커피 셋 외 무엇은 또 담배였을까. 영수증엔 '커피 3개 외'까지만 인쇄됐다. 20분 뒤인 12시 48분. 편의점 건너편 식당 '여의도○○탕 신관'에서 28만 원을 더 결제했다. 편의점과 식당에서 카드를 쓴 까닭은 '직원 격려 오찬 및 다과'로 적어 넣었고.

여의도○○탕 바탕 음식은 7,000원짜리. 40명이 함께해야 28만 원. 1만 원짜리 '특탕'이었더라도 28명이 함께했다는 얘기였다. 3만 원짜리 수육 같은 걸 여러 개 곁들여도 28만 원은 적잖은 금액. 음식점 쪽에선 "(두세 사람이 먹을 수 있는) 수육을 5~6개 시키고 술 먹고 식사(탕)하고 그러면 그쯤 된다"고 말했다. 적어도 10명 넘는 이가 함께 식사해야 나올 만한 금액이라는 것. 한데 음식점 쪽에서 내가 묻지도 않은 말을 보탰다. 28만 원어치 "선(先)

결제를 해놓았다면 (결제)해준 영수증 같은 걸 가지고 오면 됩니다"라고. 그날 10명 넘게 28명쯤 함께 식사하지 않았다면 28만 원을 미리 결제해둔 뒤 나중에 나눠 먹었을 것이라는 풀이. 이른바 '카드깡' 비스무레한 행위였을 개연성이 엿보였다.

이석우는 "다 기억을 못 하는데, 거기서 가끔 (직원 격려 식사를) 하니까 (그날도 결제) 했을 것"이고, 20분 전 편의점 결제는 "비서가 가서 (이것저것 손님에게 필요한 비품을 사느라 이사장 법인카드로 결제를) 할 수 있을 것"이라고 말했다. 두 법인카드 매출전표에 서명한 모양이 같았음에도 그가 "비서가 가서 결제할 수 있을 것"이라 말한 건 "다 기억을 못 하"기 때문으로 읽혔다.

법인카드 씀씀이를 둘러싼 여러 의문을 한꺼번에 풀어내고픈 이석우 속마음이 내비친 건 아니었을까. 하지만 이상한 법인카드 쓰임새를 밝히는 작업은 그쯤에서 마무리되지 않았다. 끝날 수 없었다. 도무지. 엮인 굴비가 대체 몇 마리인지 그땐 가늠할 수 없었으니까.

수상한 전표

이석우는 2015년 6월 4일 서울 종로 일○○ ○○○○에서 15만

6,000원, 그달 12일 마포 복○○에서 46만 8,000원을 썼다. 이사장 직책수행경비 카드로. 4일엔 직원과 함께 시민을 위한 미디어 '교육 실적 점검 회의'를 했고, 12일엔 재단 '인력 운영 계획 논의' 차 결제했노라 밝혔다. 한데 그날 서울 종로와 마포에서 이석우를 만나 함께 회의하며 밥을 먹은 시청자미디어재단 직원이 없는 게 아닌가. 문제가 될 성싶었는지 이석우가 카드 쓰임새 품의를 직접 바꿨다. 4일 '방송인 간담회'와 12일 '학계 유관 단체 간담회'로. 이석우는 그러나 이마저 증빙하지 못했다. 함께한 방송인과 학계 유관 단체 사람이 누구인지 제대로 밝히지 못한 것. 두 음식점에서 쓴 62만 4,000원을 고스란히 도로 내놓아야 했다. 시민 세금으로 만들어준 돈이었으니까.

더욱 이상한 쓰임새도 나왔다. 그달 19일 서울 일원동 호프집 ○○쇼에서 같은 카드로 42만 6,000원을 쓰고는 '재단 비전 선포식 논의'라고 품의했다. 한데 그날 서울 일원동에서 이석우를 만나 회의하며 술을 마신 시청자미디어재단 직원 또한 없는 게 아닌가. 시청자미디어재단이 있는 서울 여의도 국회대로 70길 23번지로부터 23.5킬로미터나 떨어진 ○○쇼에서 42만 6,000원 어치 맥주와 안주 따위를 즐긴 걸 기억하는 직원이 한 사람도 없었던 것. 하여 이석우가 바꾼 카드 쓰임새 품의는 '언론인 간담회'. 이석우는 이 또한 제대로 증빙하지 못했다. 말할 것도 없이 42만 6,000원을 토했고.

157

○○쇼. 그때 이석우가 살던 경기 성남 복정동 집으로부터 6.8 킬로미터 떨어진 호프집. 왜 그 집이었을까. 시청자미디어재단과 집 사이 퇴근길에 있는 듯하되 아닌 듯도 한 곳. 퇴근길이었다면야 차라리 집 쪽으로 더 다가간 곳이 낫지 않았을까. 굳이 6.8킬로미터나 동떨어진 곳에서 왜.

○○쇼는 그야말로 동네 호프집이었다. 4명이 앉는 탁자 7개가 놓인 작은 술집이라 한동아리가 크면 "탁자를 붙여주기도 한다"지만 42만 6,000원어치 맥주와 안주를 두고 '재단 비전 선포식 논의' 따위를 할 만한 곳은 아닌 듯했다. 오십보백보이겠으되 그래도 어찌어찌 '언론인 간담회'는 할 수 있겠다 싶어 물었지만, ○○쇼 사장은 5개월 전—2015년 6월 19일—저녁 42만 6,000원어치 모임과 결제한 사람을 기억하지 못한다 했다. 오래전이어서.

쌈짓돈. 쌈지에 있는 적은 돈. 쌈짓돈이 주머닛돈이라더니. 이석우는 시청자미디어재단 법인카드를 주머닛돈처럼 썼다. 담배사 피워가며. 시민이 시청자미디어재단 이사장에게 직책수행경비 카드를 준 건 일할 때 마땅히 쓸 만한 곳에 쓰라는 뜻. 2015년 "7월인데, 오래됐는데, 아마 (담배를) 하나 사 오라고 그러고, 내가 아마 계산을 했을 것 같은데, 내가 현금을 주고, 내가 부속실 보고 사 오라고 해놓고 그냥 놔뒀을 리 없다"는 이석우 말로는 다 풀어 없앨 만한 일이 아니었다. 기억이 잘 나지 않지만 비서에게 담배를 사 오라고 "했다면 내가 돈을 줬을 텐데, 아마 (법인카드로 결제한 게) 담배가 맞는다면 돈을 줬을 테고, 여기(부속실 기타운영비 지출결의서)엔 기록이 잘 안 돼 있을 것 같다"는 말로도 풀릴 수 없고. "내가 좀 (경영지원부에) 물어봤어. 어떻게 된 건데? 하니까. (담배 10갑을) 직책수행경비로 쓴 적 없다고 그러더라고. 나도 그런 기억은 없는데, 있다면 내가 (지갑에서) 카드를 잘못 뽑았을 수는 있겠다. (그래서 직책수행경비로 담배를 산 적은) 없는 걸로 알고, (기억에 없어) 모르겠다"는 말로도 매한가지.

이석우 말을 수첩에 내려 적다가 내 낯이 화끈. 갑자기. 달아올랐다. 그가 이른바 '언론인 출신'이어서. 한때 기자였다기에. 이런 게 옛 기자들 '구악(舊惡)' 습속일까. 어쩜 그리 허투루 법인카드를 꺼내 쓸 수 있었을까.

낯부끄러움은 시작에 지나지 않았다. 이석우 뒷벽 너머에서 두런두런하던 국회의원 보좌관 출신 시청자미디어재단 직원과 정치인과 방송통신위원회 공무원이 하나둘 본디 모습을 드러냈다.

제보자 X

2015년 11월 17일 점심나절 여의도. 왁자지껄. 대굿국집처럼 커피숍도 목청 돋워야 말마디가 잡혔다. 제보자 X1. 내가 권력과 자본에 얽매이지 않는 독립 언론 뉴스타파에서 땀 흘리기로 하자마자 들려온 첫 번째 호루라기. 그날 오후 "이은용 기자가 뉴스타파에 합류했다"고 공개됐다. X1을 만난 날과 대굿국집과 주고받은 이야기가 지금도 또렷한 까닭이다.

X1 말 듣다 보니 어이없어 자꾸 헛웃음. 시청자미디어재단 이사장 이석우 때문이었다. 웬만해야 할 텐데 상식에 동떨어진 일이 잦았던 것으로 들렸다. 모두 틀림없이 그러한지 알아볼 일로 마음과 수첩에 다져됐다. 이사장 전횡 따위로 공공 재단이 흔들리거나 피 같은 세금이 허투루 쓰여선 곤란하니까.

바람 새는 헛웃음이 터지기 시작한 건 자잘한 이사장 법인카드 쓰임새 때문. 샌드위치에 담배까지. 뿐인가. 자신이 몰다가 물게 된 관용차 과속 과태료와 자기가 낸 교통사고에 따른 렌터카 보험부담금 5만 원까지 나 몰라라 했다. 사고 책임을 시청자미디어재단 소속 운전기사에게 떠넘겼고.

X1에겐 증빙 자료가 없어 '밝혀나갈 길이 험난하겠구나' 싶었다. '담뱃값 얘기까지 해야 하나.' 고민 깊었으되 눈길 발길은 이미 이석우 둘레로 달음박질했다. 차례나 갈피를 잡을 수 없어 머리가 지끈대니 손에 쥘 증거부터 좇았다.

58호 ○○88. 시청자미디어재단 관용차 가운데 이석우가 탄 차량이다. 정보 공개 청구로 두 달 가까이 줄다리기를 한 끝에

'운행일지'를 눈 아래에 펼쳤다.

이석우가 일요일이던 2015년 11월 15일에 낸 교통사고 흔적부
터 보였다. 이튿날 보험회사에 '사고 접수'를 한 뒤 다른 자동차
를 빌려 탄 것으로 기록됐다. ○○88은 22일이 흐른 그해 12월 7
일에야 수리가 끝나 시청자미디어재단으로 돌아왔다. 이석우
가 자동차를 몰다가 낸 사고가 22일 동안이나 차를 고쳐야 할 만
큼 컸다는 걸 방증했다. 이석우는 2015년 11월 15일 오후 1시께 여
의도 시청자미디어재단으로 출근했다. 일요일에 관용차가 이사
장 집 앞에 있던 것 자체가─휴일에 사사로이 차를 쓴 개연성이
커─문제였음에도 거듭된 일이었다. 그날도 이석우는 ○○88을
직접 몰아 출근했는데 자동차가 이상했다. 겉은 멀쩡한데 앞뒤
타이어 넷이 모두 터졌고, 그리된 채로 계속 달렸는지 바퀴 앞뒤
축이 다 망가졌다.

"그거는 제가 운전한 거 아니거든요. 제가 운행하면서 사고를
낸 적이 없습니다."

○○88 운전기사의 말. 그는 2015년 8월 31일부터 2016년 2월 5
일까지 6개월 동안 이사장 차를 맡아 운전했는데 "사고를 낸 적
이 없다"고 거듭 말했다. 이석우가 사고를 낸 날엔 일요일이어
서 출근하지도 않았던 것으로 확인됐다.

자동차 보험회사에는 그러나 운전원 실수로 기록됐다. 사고
가 났을 때 내는 렌터카 보험부담금 5만 원도 이석우가 물지 않

고 엉뚱한 직원의 출장비로 돌려 막았다. 5만 원이 아까웠을까. 더욱 이상한 건 이석우가 사고 난 자리에 멈춰 있지 않고 계속 달려 자동차를 더 크게 망가뜨렸다는 점. 왜 그랬을까.

2015년 11월 15일이 "일요일이면 제가 운전한 겁니다. 내가 (차를) 몰았을 때 한 번인가 두 번, 그런 적이 있어요. 범퍼가 어떻게 됐거나 타이어는 한 번 (교체)한 적이 있다"는 이석우 말. "자동차를 22일 동안이나 고쳤던데요?"라는 내 질문. "그건 잘 모르겠고 밑에 뭐가 걸려가지고 (타이어) 펑크 난 거 있고, 그래서 그건 교체를 했다"는 이석우 대답. "어디서 그러셨는데요?"라는 내 질문. "요 앞에서 주차장에 차를 대다가"라는 이석우 말.

2016년 4월 4일 오후 시청자미디어재단 이사장실에서 이석우에게 물어볼 걸 묻고 들을 만한 것 듣고 난 뒤 걸어 나와 건물 주차장을 살폈다. 엘리베이터로 차를 주차장으로 내리거나 올리기 때문에 자동차 옆이나 앞에 흠집이 날 수는 있을망정 밑바닥에 걸릴 만한 '뭐'는 눈에 띄지 않았다. 길에서 자동차 엘리베이터로 올라서는 곳 어디에도 타이어 4개를 모두 터뜨릴 만한 '뭐'는 없었고, 이석우 기억이 잘못된 게 아니라면 거짓말로 보였다. 긴 한숨. 그는 대체 어떤 사람일까. 그날 나는 이석우 둘레와 뒷벽을 더 취재할수록 깊어질 한숨을 미리 맛봤다.

제보자 X2. 그 덕분이다. 이석우 자동차 사고와 ○○88 운행일지를 세세히 들여다보게 된 거. 시청자미디어재단에 깊숙하고도 넓게 내 눈길이 닿게 도와줬다. 2015년 12월 1일 내 뉴스타파 첫 기사 「'낙하산 장악' 시청자미디어재단 … '총선용' 사업 추진 의혹」이 보도된 뒤 그를 알았다. 박근혜 정부 기획재정부 반대로 예산을 얻지 못해 방송통신위원회가 뜻을 접은 데다 지방자치단체마저 시큰둥한 나머지 이루기 어려운 대구와 경기 시청자미디어센터 설립 계획을 이석우가 계속 밀어붙인다는 게 기사 알맹이. 특히 대구는, 이듬해인 2016년 7월 울산시청자미디어센터가 문을 열 터라 더욱 이루기 어려웠다. 대구와 울산이 서로 가까웠기 때문. 한데 새누리당 국회의원 서상기가 대구에, 김용남이 경기에 시청자미디어센터를 새로 세워야 한다고 주장하자 이석우가 맞장구를 놓은 흐름. 그때 대구를 정치 마당으로 삼던 새누리당 조원진과 김상훈, 새정치민주연합 홍의락도 시청자미디어센터 설립에 관심을 보인 것으로 확인됐다. 2016년 4월 16일에 있을 20대 총선에 즈음해 지역 정치 마당에 시청자미디어센터를 들이고픈 바람으로 읽었다. 이석우 뒷벽 너머에 모인 정치인 가운데 몇몇일 듯싶었는데 그 무렵엔 그쯤만 보였다.

나는 '혹시 이석우가 20대 총선에 스스로 나설 때 쓰려고 대구시청자미디어센터를 밀어붙이는 건 아닐까' 싶어 꾸준히 눈길 둘 태세였고, 제보자 X1과 X2에 힘입어 진실 열매를 하나둘 따기 시작했다. 특히 58호 ○○88 자동차로부터 이석우 본디 모습이 자욱이 피어올랐다. 이석우는 2015년 5월 시청자미디어재단 이사장이 되자마자 인터넷 보수 매체에 글을 쓰던 이 아무개에게 운전대를 맡겼다. 그는 2007년 17대 대통령 선거 때 새누리당 경선에 나선 박근혜의 특별보좌관이었다. 새누리당 부대변인이자 정치 평론가로도 불렸던 모양인데 이석우는 그를 운전기사가 아닌 수행비서로 삼을 생각이었던 것으로 들렸다. 하지만 운전원 일이 몸과 마음에 맞지 않았는지 그는 한 달 만에 그만뒀다.

두 번째 운전원은 이석우 친동생 이 아무개. 동생이어서 거리낄 게 없었을까. 2015년 8월 10일부터 14일까지 닷새 동안 ○○88로 1,862킬로미터를 달려 광주, 부산, 대전, 강원 시청자미디어센터를 돌아봤다. 이석우는 시청자미디어재단 경영지원실에 "내가 일주일 휴가 가는 걸로 하자. 대신에 그때를 이용해서 전국 (시청자미디어) 센터를 순회 방문한다고 (일정을) 잡았다"며 "휴가를 반납한 채 지역센터를 돌아볼 정도로 일을 열심히 했다"고 말했다. 하지만 일정이 아무래도 이상했다. 일요일이던 8월 9일 오후 4시 서울에서 출발해 부산으로 갔으니 밤 늦게 도착했을 텐데 ○○88은 놀랍게도 이튿날 아침 8시 30분 부산시청자미디어센터가 아니라 277킬로미터 떨어진 광주시청자미디어센터에 나타났다. 그날—2015년 8월 10일—이석우는 밤 11시까지 광주에 머물며 '광주센터 순시 협의'로 ○○식당에서 1만 4,000원, '광주센터 직원 격려 만찬'으로 ○○○○횟집에서 39

만 원을 썼다. 익숙한 이사장 직책수행경비 카드로. 그날 밤 ○○ 88은 진주를 거쳐 부산으로 되돌아갔다. 8월 11일 오후 5시 30분 부산시청자미디어센터에 나타난 것. 동에 번쩍 서에 번쩍. 하루 뒤인 8월 12일 오후 5시 부산을 떠난 이석우는 대구 수성못 옆 미스터디저트에서 1만 3,900원을 법인카드로 결제한 뒤 '지역 언론인 면담'이라 품의했다. 뒷날 "(2015년 여름휴가 때 대구) 미스터디저트에서 지역 언론인 만난…"걸 물은 나. 말 가로채듯 대구에 아는 지역 언론인과 카페가 "많이 있다"는 이석우 대답. "혹시 KBS 대구방송총국 가까운 데서 보신 건…"지를 물은 나. 거기인지는 "모르겠어요. 여러 군데서 만나니까. 이름은 기억이 안 나는데, (누가 나를) 어디(로) 오라 그래서 갔는지, 내가 (장소를) 정한 것 같지는 않네요. (카페 이름 미스터디저트가) 생소한 거 보니까"라는 이석우 대답. 미스터디저트에서 "지역 언론인 면담 하셨다고 (품의)했는데 대구 지역 언론인 면담… (그게) 누군가 궁금해서요"라는 내 질문. "대구에 아는 언론인들 많죠. TBC… 뭐, 많습니다. 그중에 누구 한 사람 만난 것 같네요. 내가 대구에 갈 때마다 수시로 만나니까"라는 이석우 대답. "대구엔 자주 가시나요?"라는 내 질문. "자주는 못 가죠. 본가 다니러 갈 때 한 번씩 가면 대구 지인들, 언론인들 만나죠"라는 이석우 매조지.

　이석우와 동생은 ○○88을 타고 2015년 8월 13일 오전 11시 50분 대전시청자미디어센터에 나타났다. '대전센터 직원 격려

오찬'으로 한○○에서 22만 2,000원을 쓴 뒤 오후 2시에 대전을 떠났다. 그날 오후 6시 강원시청자미디어센터에 도착했고. 강원에선 법인카드를 꺼내 쓰지 않았고, 이틀 뒤인 8월 15일 서울 여의도 시청자미디어재단을 뜻하는 '본사'를 들러 퇴근한 것까지 ○○88 운행일지에 남았다. 이사장 말고 차에 탄 사람이 더 있었느냐고 이석우 동생 이 아무개에게 물었지만 "잘 기억 안 납니다. 그때는 시키는 대로 일했기 때문에"라는 말만 되돌아왔다. 그는 이석우 동생이라는 게 드러나 2개월 열이레 만인 2015년 8월 27일 운전대를 놓고 시청자미디어재단을 떠났다. 이석우와 함께한 그해 여름휴가는 달콤했을까.

제보자 X3. 2016년 두 달에 한 번 꼴로 이석우 관련 보도가 이어질 때 X2를 징검다리 삼아 X3의 알토란 같은 알림이 내게 닿았다. 그해 11월엔 뉴스타파 제보 이메일—report@newstapa.org—로 시청자미디어재단 인사 관련 알림이 들어오기도 했고. 익명으로. 제보자 X4라 하겠다.

제보자 가운데 두 사람이 비슷한 말을 했다. "기자 출신인 데다 국무총리 비서실장까지 지내 청렴하고 힘센 기관장이 될 걸로 다들 기대가 컸는데 이석우는 전혀 달랐다"고. "시청자미디어재단 사람들이 많이 힘들어했다"며. 기자로 땀 흘리던 내 낯부끄러움이 2~3배쯤 늘어 진땀 뺐다 할까.

2016년 11월 여러 제보자 덕에 이석우가 관용차와 법인카드를 사사로이 쓴 정황이 꼭짓점에 닿았다. 2016년 2월 5일부터 10월 24일까지 9개월 동안 관용차를 쓸 수 없는 주말과 공휴일에 58호 ○○88이 2,637킬로미터를 달린 게 드러났다. 운전원이 주말이나 공휴일을 앞두고 자동차를 이사장 집 앞에 가져다 두면 이튿날 이석우가 20차례나 운행 기록 없이 움직였다. 기름을 집 길목 한 주유소에서 자주 넣었는데 기름값을 시청자미디어재단 주유카드로 치렀다. 그해 4월 7일 목요일 7만 8,000원, 어린이날을 앞둔 5월 4일 수요일 9만 원. 특히 토요일이던 7월 11일 밤 12시 33분 10만 6,000원, 8월 8일 밤 12시 29분 8만 1,000원, 8월 15일 밤 9시 37분 10만 9,060원어치. 휴일에 사사로이 자동차를 쓰며 법인카드로 기름값까지 치렀으니 모두 도로 거두어들여야 할 돈이었다. 그해 5월 14일 토요일 낮에 58호 ○○88이 서울 용산 유엔빌리지 부근에서 주정차 위반으로 단속됐는데 과태료도 국고로 되돌아가야 할 돈이었고.

뒤늦게 이석우 비위를 알리겠다며 다가온 X5도 있다. 자신이 누구인지 드러날까 두려워 조심스럽게 마련인 다른 제보자들과 달랐다. "일단 만나자"던 그로부터 이런저런 이야기를 들었으되 '제보'라 하기 어려웠다. 철 지난 얘기가 되풀이됐고, 새로울 듯한 이야기를 뒷받침할 만한 자료를 내놓지도 않았다. '이 사람, 뭐람. 혹시 이석우 쪽 더듬이일까.' X5는 사실 오랫동안 이석우 쪽 사람이었고, 나중에 본디 모습과 생각이 고스란히 드러난 언론 보도가 있은 뒤 소식이 끊겼다. 그와 만났을 때 점심값과 찻값을 모두 내가 치렀으니 일이 참 잘됐다 해야 하나.

또 삼성

2016년 9월 9일. 아침 5시 30분부터 6시 30분까지. 서울 일원동 ○○○○아파트 1○○동 앞. 이석우는 모습을 드러내지 않았다. 사흘 뒤인 그달 12일. '월요일 아침마다 회의를 한다니 오늘은 나타나겠지' 싶은 오전 5시 40분부터 출근 시간이 다 지날 때까지 같은 곳에서 기다렸지만 다시 감감. 이석우는커녕 시청자미디어재단 이사장 관용차 58호 ○○88 꽁무니조차 볼 수 없었다. 9일과 12일 모두 서울 일원동이 아닌 경기 성남 복정동 집에서 출근한 듯했다.

"이석우 주거지가 불분명하다"는 알림이 여럿 있었다. 2015년 5월 어느 날 술에 잔뜩 취해 깊이 잠든 이석우를 위해 시청자미디어재단 사람들이 대리운전기사를 불러 경기 성남 복정동 집 주소로 가게 했는데 도착한 뒤 거기는 자기가 사는 곳이 아니라고 말하더라는 것. 그해 가을 어느 날 아침엔 ○○88 운전원이 아파트 같은 곳에나 있을 법한 "경비실에서 이사장을 기다린다"고 말해 시청자미디어재단 사람들이 고개를 갸웃거렸다는 말도 들렸다. 실제로 성남 복정동 집은 옥탑이 있는 4층짜리 다가구 주택으로 '경비실' 같은 건 없었다. 지금도 그렇고.

'성남 복정동 말고 실제 사는 곳이 있는 모양이다. 어디일까.' 이리저리 살핀 끝에 이석우가 나온 고등학교 동창회 2005년 4월 주소록에서 실마리를 얻었다. 서울 일원동 ○○○○아파트. 이석우는 2001년부터 2003년까지 '평화방송 보도국 취재총괄부장'이었는데 고교 동창회 주소록에 그리 적혀 있었다. 특히 천주교 서울대교구 일원동 성당 교적을 다른 곳으로 옮긴 때와 일원동 몇몇 시민의 기억에 비춰 이석우는 적어도 2011년 하반기까지 ○○○○아파트에 살았던 걸로 보였다. 2000년 1월 이석우가 일원동 성당 인터넷 게시판에 가입 인사를 남겼고, 그를 잘 아는 이가 "(이석우가 일원동 성당을 다니기 시작했을 무렵에 서울) 금호동 48평짜리 아파트를 전세로 내주고 일원동으로 온 것"이라고 말해 11년쯤 ○○○○아파트에 살았음을 방증했다.

○○쇼. 이쯤에서 되짚을 서울 일원동 호프집. 경기 성남 복정동 이석우 집으로부터 6.8킬로미터 떨어진 곳. 2015년 6월 19일 이석우가 '언론인 간담회'를 했다며 시청자미디어재단 이사장 직책수행경비 카드로 42만 6,000원을 쓴 술집. 그곳은 ○○○○아파트 1○○동으로부터 409미터에 지나지 않았다. 내 보통 걸음으로 6분쯤 걸린 곳. 건널목에서 푸른 불빛을 기다린 시간까

지 더했음에도 6분으로 넉넉했다.

2016년 9월 이석우는 서울 일원동 ○○○○아파트에 살고 있지 않았다. 그 무렵 그곳에 살던 사람은 "2015년 4월부터 전세로 살고 있다"고 내게 말했다. 그랬으니 아침 일찍부터 아파트 현관 앞에서 이석우를 기다려도 모습이 보이지 않았던 것.

등기부상 집주인은 정 아무개로 이석우의 손윗동서. 그가 2001년 7월 13일 83.69제곱미터인 ○○○○아파트 1○○동 1○○○호를 사들였다. 한데 열이틀 만인 그해 7월 25일 이석우가 그 집을 담보로 삼아 한미은행 서울 명동지점에서 2억 4,700만원—등기부상 채권 최고액—을 빌렸다. 자기 집인 것처럼. 2001년 7월이면 이석우가 일원동에 이미 살던 때. 이석우가 그 집 진짜 주인일까. 이석우에게 등기부상 집주인이 아님에도 어떻게 은행에 아파트를 담보로 내밀 수 있었는지를 물었지만 아무런 답변도 돌아오지 않았다.

이석우 손윗동서 정 아무개는 2002년 12월 24일에야 ○○○○아파트 1○○동 1○○○호로 주소를 옮겼다. 집을 사들인 뒤 1년 6개월 만이었고, 2010년 9월 10일까지 8년 동안 주민등록상 주소를 ○○○○아파트에 뒀다. 등기부 기록은 그랬으되 그 집에 실제로 살던 사람은 이석우로 보였다. 정 아무개는 자기 일터가 있는 전라북도 익산에서 살았고.

등기부에 눈길을 끈 기록이 하나 더 있었다. 2010년 8월 18일부터 2012년 9월 9일까지로 설정한 3억 2,000만 원짜리 전세권. 같은 전세권이 2012년 9월 15일 4,000만 원이 늘어난 3억 6,000만 원짜리로 바뀌어 2014년 4월 9일에 닿았다.

전세권자는 삼성전자. 전세권이 처음 설정된 2010년 8월엔 이석우가 그 집에 살고 있었다. 삼성전자 쪽 사람이 세 들어 살지도 않은 집에 웬 전세권이었을까. 한 부동산 전문가에게 물었더니 "삼성전자에서 그 집을 쓰지 않고 살던 사람이 계속 살았다면 아마도 빌려준 돈에 대한 담보로 전세권을 잡아둔 것일 수 있겠다"고 짚었다. 이석우가 삼성전자로부터 3억 6,000만 원을 빌리면서 ○○○○아파트 1○○동 1○○○호를 담보로 내준 것일 수도 있다는 얘기.

이석우는 아무 대답도 하지 않았다. 등기부상 전세권자와 실제로 산 사람이 달랐던 까닭, 집을 은행에 담보로 내놓을 수 있을 만큼 큰 권리를 가진 것인지 따위를 연거푸 물었음에도. "나하고는 상관없는 일"이라는 게 이석우 손윗동서 말. 아파트에 삼성전자 사람이 살았는지, 그때 이석우가 살고 있었던 것 아니었느냐는 질문에 돌아온 대답이었다. 그는 아파트 실제 주인이 이석우인지를 묻기도 전에 답변을 피했고, 그 뒤로는 연락이 닿지 않았다.

삼성전자는 한 달여 만에 답변을 내놓기는 했다. 법인 이름으로 전세권을 잡아둔 까닭과 쓰임새와 계약 상대 따위가 내 질문.

계약 상대가 삼성과 어떤 사이인지도 물었다. 삼성전자 쪽 대답은 한 문장. "당사는 우수 인력 채용 유인을 위한 목적에서 전세권 계약을 한다"는 것. 오로지 그뿐. 전세권을 정해둔 동안 ○○○○아파트 1○○동 1○○○호에 살던 이석우가 '삼성전자가 채용하려고 낄 만한 우수 인력'이었을까. 그대로 믿기 어려웠다. 그때 이석우는 평화방송 보도국장이었고, 삼성에 채용된 적도 없기 때문이다.

이건희 삼성의 비서실 노릇을 한 옛 구조조정본부·미래전략실 짜임새와 움직임에 밝은 이는 일반 아파트 전세를 법인 이름으로 얻는 일이 있었는지를 두고 "잘 모르겠다"고 말했다. "오피스텔 같은 걸 조금 얻어서 작업한 건 있었"지만 아파트를 전세로 얻는 걸 보진 못했다는 것. 그는 다만 "(아파트를) 채권으로 잡으려고 그럴 수 있다"며 "(휴대폰이나 가전제품) 대리점 같은 곳, 유통 쪽에서 거래하면서 (생긴) 담보일 것"으로 봤다. 이석우는 그러나 평화방송 보도국장이었을 뿐 삼성전자 휴대폰이나 가전제품 대리점 같은 걸 가졌던 흔적이 없다.

물음표가 잇따라 솟았다. 전세권이 3억 6,000만 원짜리 채권처럼 쓰이긴 한 듯한데 돈을 왜 주고받았을까. 이석우가 빌린 돈일까. 4년 5개월이 흘러 전세권을 풀었을 때 삼성이 돈을 돌려받기는 했을까. 물음표는 모두 단단한 침묵 벽으로 섰다. 벽 뒤에서 이석우와 삼성과 이석우 손윗동서가 나눈 진짜 이야기는 뭘까.

채용 비리

　이석우. 1956년생. 대구에서. 경북고등학교를 다녔고 연세대학교 불어불문학과를 나왔다. 1981년 연합통신 기자가 된 뒤 8년 만인 1989년 세계일보로 갔다가 1992년 평화방송에 자리 잡았다. 2008년 12월 평화방송 보도국장이 돼 2011년까지 이른바 '언론인'이었다. 2012년부터 가톨릭대학교 겸임 교수였던 이석우 삶이 2014년 3월 박근혜 정부 국무총리실 공보실장으로 이어졌다. 그해 8월 국무총리 비서실장으로 자리를 높였고. 총리는 정홍원. 그해 4월 27일 정홍원이 세월 참사 책임을 지고 물러나려 했는데 뒤를 잇겠다던 안대희와 문창극이 연거푸 미끄러졌다. 그 바람에 이석우도 총리실 자리를 이어간 것으로 보였고. 2015년 5월 박근혜 정부 방송통신위원회 시청자미디어재단 첫 이사장이 됐다.

　자리가 몹시 높고 훌륭하지 않은가. 이석우 겉은 썩 좋아 나무랄 게 없을 성싶었다. 속살은 허투루 쓴 법인카드와 사사로이 굴린 관용차, 교통사고 책임 떠넘기기까지. 설마 그쯤에 지나지 않았을까. 아닌 게 아니라 정말로 이석우는 좀 더 크고 넓은 속살을 내보였다.

　채용 비리. 이석우가 이사장이 된 지 열하루 만인 2015년 5월

29일 시청자미디어재단이 낸 신입·경력 직원 채용 공고는 재단을 뿌리째 뒤흔든 소용돌이가 됐다. 특히 유 아무개. 그는 7급 신입 직원 공모에 응할 자격이 없었다. 2016년 2월에나 대학을 마칠 터라 '2015년 8월 졸업 예정자'까지인 신입 직원 지원 자격에 모자랐던 것. 한데 이석우가 콕 집어 지원서를 받아들이게 했다.

이석우는 "우리가 학력 철폐로 가는데 (2016년) 2월 졸업이든 (2015년) 8월 졸업이든 무슨 문제인가" 싶어 "(직원 채용) 규정을 가져오라고 해서 보니 '이사장이 특별히 인정하는 자'가 있더군요. 학력 철폐 차원에서 그런 건 중요하지 않다고 봤다"고 말했다. "신입 7급 직원들이 재단 발족 뒤 첫 채용이어서 누가 지원했는지 관심이 많아 이력서를 죽 넘기면서 다 봤어요. 성적도 다 들여다봤다"고 덧붙였다. 7급 신입 지원서를 낸 435명 가운데 자격이 없는 유 아무개를 콕 집어 도와준 것.

사람을 공정하게 뽑으려고 전문 업체에 직원 채용 처음과 끝을 모두 맡겼음에도 이사장이 지원자 이력서를 들여다본 것 자체가 그릇된 행위였다. 게다가 유 아무개는 '이사장이 특별히 인정하는 자' 기준에도 맞지 않아 나중에 이석우가 자리를 내놓아야 할 까닭 가운데 하나가 됐다.

연세대학교. 유 아무개 아버지와 이석우가 서로 닿을 만한 줄. 공기업 고위 간부인 유 아무개 아버지는 "아들이 시청자미디어재단에 다니는 건 맞는데 (이석우는) 전혀 모르는 사람"이라 했다. 이석우에게 아들을 채용해달라고 부탁했는지를 두고도 "사실무근"이라 했고. 다만 아들로부터 "요즘(2016년) 회사가 조금 시끄럽다"고 들었고, 2015년에는 시청자미디어재단 사람들이 "아들의 입사 동기들을 '이사장 키드'로 부르며 따돌린다는 얘기를 들은 적은 있다"고 알려왔다.

이석우 말은 어지러웠다. 유 아무개 아버지를 "잘 알지 '는' 못합니다. 혹시 이런저런 모임에서 봤는지 '는' 모르겠는데 잘 모르겠습니다. 그 사람은 모르는 사람"이라 하더니 곧바로 "모르는 사람이긴 하지만 저야 이런저런 공적 자리가 많으니까 혹시 명함을 주고받았는지 '는' 모르겠다. 그런 자리에서 봤는지 안 봤는지 모르겠어요. 기억에 없다"고 덧붙였다. 아는 사람인데 "잘 알지는 못한다"는 건지. 모르는 사람인데 "이런저런 모임에서 봤는지는 모르겠다"는 건지. 알 듯 말 듯한데 "혹시 명함을 주고받았는지는 모르겠다"는 건지. 도무지. 제대로 알아듣기 어려웠다.

이석우와 유 아무개 아버지 사이에 대학 동문 줄이 실제로 닿았을까. 닿았다면 말마디만으로 유 아무개 채용 부탁과 수락이 이뤄졌을까. 채용을 대가로 뭘 주고받지는 않았을까. 여러 의문이 절로 솟았음에도 방송통신위원회 감사팀은 경찰이나 검찰에 수사를 요청하지 않았다. 이석우가 유 아무개 지원서를 콕 집어

냈을 뿐만 아니라 채용 대행 업체 관계자를 여러 차례 불러 이것 저것 주문한 뒤 유 아무개 시험 성적이 놀랍도록 높게 나온 흐름이 잡혔음에도. 한국 공무원 사회 감찰 짜임새의 한계로 읽혔다.

믿기지 않는 건 2016년 채용 비리 책임을 지고 이석우가 물러난 뒤 3년이 흐른 2019년에도 유 아무개는 시청자미디어재단에 남아 있다는 점. 박근혜 정부 방송통신위원회가 검경에 수사를 요청했거나 고위공직자범죄수사처 같은 게 있었다면 이야기가 많이 달라졌을 터. 이 또한 한국 공무원 사회 감찰 짜임새의 한계라 하겠다. 문재인 정부 방송통신위원회조차 다 끝난 일로 여길 뿐 좀 더 들여다보고 바로잡을 생각이 없는 듯싶고.

이사장의 지역 안배

연세대학교 하나 더. 2015년 6월 유 아무개와 함께 시청자미디어재단 7급 신입 직원으로 뽑힌 이 가운데 한 중앙행정기관 차관 딸도 있었다. 차관이 이석우와 대학 동문. 동창회에서 한두 번 만난 사이로 들렸다. 그 차관은 "(이석우가) 국무총리 비서실장을 역임해 공식석상에서 인사하는 정도였고 그 전엔 알지 못했다. 딸아이는 재단이 발표한 공고를 보고 채용 시험에 응시했다고 하며 채용과 관련해 권유를 받거나 청탁한 바 없다"고 밝혔다. 이석우는 "(국무총리 비서실장일 때) 정책조정회의에 가끔 (그 차관이) 왔고, 세종청사에서 한두 번 마주친 적 있다. (그 차관) 딸이 (시청자미디어재단에) 합격했는지 안 했는지 몰랐고 나중에, 합격하고 난 뒤에 (그 차관) 딸인 줄 알았다. 성적이 대단히 우수했다"고 말했다.

기자는 그쯤에서 벽과 맞닥뜨리는 일이 잦다. 방송통신위원회가 검경에 수사를 요청했거나 고위공직자범죄수사처 같은 게 있어서 이석우와 대학 동문들 사이에 따로 오간 게 있는지를 살핀 뒤 결론을 냈다면 그 차관 말이 더욱 믿음직했을 터. 유 아무개가 시청자미디어재단에 계속 남아 있는 까닭을 두고도 매한가지이고.

"전라도를 그냥 싫어한답니다. (이석우가 호남 출신을 배제하려고 신입 직원 지원) 서류까지 마음대로 하려 했고, (전라도 출신을 걸러내려는) 그런 의지를 계속 보였어요. (시청자미디어재단 경영기획실 인사 담당자들에게) 말을 계속 그렇게 하는 거죠."

시청자미디어재단 사람 말. 설마. 믿기지 않았지만 이 말은 2015년 6월 신입으로 뽑힌 직원들 출신 지역 분포를 통해 사실로 입증됐다. 1차 서류심사 435명과 2차 직무기초능력검사 240명을 거쳐 80명이 면접에 오른 가운데 호남 출신이 열다섯—광주 열둘, 전남 둘, 전북 하나—이었는데 모두 떨어졌다. 시청자미디어재단 인사위원회가 애초 뽑기로 한 머릿수보다 3배쯤 많은 48명을 고른 가운데 이석우가 18명을 직접 낙점한 결과였다. 그때 시청자미디어재단 경영기획실장이던 박태옥은 "뽑는 사람의 3배수가 되면 지역 안배 등을 감안해 이사장이 (합격자 최종 낙점을) 할 수 있게 돼 있었다"고 확인했다. 이석우 키드─뽑히자마자 그만둔 1명을 뺀─17명이 시청자미디어재단에 생긴 까닭이라 하겠다.

호남 출신에게 0퍼센트였던 이석우 낙점률은 자신과 고향이 같은 대구 사람에겐 40퍼센트로 높아졌다. 다섯 가운데 2명을 고른 것. 뒤를 이어 강원 출신 셋 가운데 1명이 뽑혀 33.3퍼센트, 서울이 열아홉 가운데 7명으로 31.5퍼센트, 부산이 일곱 가운데 2명으로 28.5퍼센트, 경기가 열넷 가운데 3명으로 21.4퍼센트, 경남이 여섯 가운데 1명으로 16.6퍼센트. 인천이 일곱 가운데 1명으로 14.2퍼센트였다. 충북은 최종 3배수에 든 1명이 그대로 뽑혔다. 이석우 손가락 끝이 지방에 고루 닿았다고 보기 어려운 결과였다. 특히 호남 사람에겐 한 차례도 닿지 않았으니까.

말장난

2016년 12월 8일 오후. 국회가 대통령 박근혜를 탄핵하기 하루 전. 나는 남대문 경찰서에 갔다. 이석우가 나를 명예훼손 피의자로 만들었기 때문. 그해 10월 그는 서울중앙지방검찰청에 나를 고소했다. 형사 소송. 나를 붙들어 벌주라는 뜻. 서울중앙지방검찰청이 사건을 남대문 경찰서로 보냈기에 그리 불려 갔다.

이석우는 2015년 11월 15일 자신이 낸 자동차 사고가 대수롭지 않았고, 사고 책임과 보험부담금을 직원에게 떠넘긴 적이 없으며, 2015년 신입 직원을 뽑을 때 유 아무개에게 특혜를 준 적이 없는데 내가 진실인 것처럼 꾸며 보도했다고 주장했다. 나는 그러나 거짓으로 꾸며 보도한 바 없기에 차분히 대답해줬다. 사고는 자동차를 22일 동안이나 고쳐야 했을 만큼 컸고, 사고 뒤 운전한 사람을 자신이 아닌 운전원으로 바꿨으며, 사고 관련 보험부담금도 시청자미디어재단 직원 출장비로 갈음했다고. 유 아무개에게 특혜를 준 걸 이석우가 스스로 인정했다고. "모두 사실에 바탕을 두고 공익을 위해 알린 것"이라고.

이석우는 민사 소송도 일으켰다. 같은 내용으로. 자기 명예가 훼손된 것 같으니 나와 뉴스타파로 하여금 5,000만 원씩 모두 1억 원을 내놓으라 했다. 둘 다 언론중재위원회에서 시작된 다툼. 이석우는 신입 직원 지원 자격에 모자랐던 유 아무개를 '이 사장이 특별히 인정하는 자'로 삼은 것에 문제가 없어 내 보도가 그르다고 주장했다. 언론중재위원회는 어찌 봤을까. 유 아무개가 자격 미달이었음에도 이석우가 준 특혜에 힘입어 입사할 수 있었던 것으로 봤다. 이석우 대리인으로 언론중재위원회에 나온 시청자미디어재단 직원마저 이사장 특혜였음을 인정했으니 이러쿵저러쿵할 게 없었다. 한데 엉뚱하게도 유 아무개 지원서가 접수된 때를 두고 말마디가 오갔다.

지원 자격에 모자랐던 유 아무개를 이석우가 '특별히 인정'해주느라 지원서가 제출 마감일로부터 사흘이 지난 2015년 6월 15일에야 '접수 처리'된 걸로 확인됐다. 시청자미디어재단 공채 전형 자료에 유 아무개 지원서 접수일이 '6월 15일'로 또렷이 적혀 있었던 것. 애초 지원서 마감이 6월 12일 금요일이었고, 13일 토요일과 14일 일요일 사이 이석우가 유 아무개를 콕 집어 지원 자격을 '특별히 인정'해준 뒤 시청자미디어재단 인사 담당자에게 접수하게 한 흐름을 밝힌 제보에 바탕을 둔 보도였다. "유○○은 자격 미달이기 때문에 서류 접수 단계에서 이미 불합격으로 자동 분류된 상태"였던 것으로도 들렸다.

이석우 쪽은 유 아무개가 6월 12일에 서류를 내긴 했으니 그때 접수된 것이라고 주장했다. 말장난 같은 '접수'와 '접수 처리' 차이를 두고 물고 늘어진 셈. 얼마간 효과가 있었다. 언론중재위원회가 '6월 12일에 서류가 접수되긴 했다'는 데 곁점을 찍어 중재하려 했다. 시청자미디어재단 쪽에서 '이석우 특혜'를 인정했으니 뉴스타파와 나도 지원서 접수 시점을 양보하라는 것.

뉴스타파는 말할 것도 없고 나도 받아들일 수 없는 중재였다. 유 아무개 지원서 접수 처리일 증거가 뚜렷했으니까. 작은 꼬투리를 내줘 비리 이야기를 흐리는 데 쓰게 할 수 없었으니까. 하니 경찰서에 가는 걸 마다할 까닭이 있겠는가. 검찰을 마다할 까닭도 없었다.

2016년 12월 30일. 남대문 경찰서 수사를 지휘한 서울중앙지방검찰청. 명예훼손 "혐의 없음"이라 했다. 2017년 1월 3일. 시청자미디어재단을 종합 감사한 박근혜 정부 방송통신위원회. 유 아무개 특혜 채용을 비롯한 여러 비리 의혹이 사실이라 했다. 2017년 2월 6일. 이석우 징계를 위한 특별위원회를 연 시청자미디어재단 이사회는 이석우의 해임을 결의했다.

감사 결과 하나. 응시 자격 없는 유 아무개를 신입 직원으로 채용한 잘못. 이석우가 "부당히 자격을 인정"한 것으로 밝혀졌다. 둘. 신입 직원 채용 공고와 달리 고득점자가 떨어짐. 이석우가 합격자를 "자의적으로 최종 선정"했기 때문으로 드러났다. 셋. 신입 직원 채용 공고와 달리 5명에게만 따로 영어 면접을 했음. 이석우가 그리하라 "지시"해 채용 공정성을 깨뜨렸다. 넷. 신입 직원 영어 면접 평가를 2명 이상이 하지 않고 1명이 했음.

이석우가 그리하라 "지시"했다. 다섯. 영어 면접 평가를 맡았던 사람이 결과를 이석우 개인 메일로 보냈음. 적절하지 못한 채용 관리 체계였다. 여섯. 영어 면접 결과 1위를 한 사람이 아닌 2위와 3위를 뽑았음. 이석우가 그리 골랐다. 일곱. 외부 위원을 골라 뽑아 인재선발시험위원회를 짜는 체계가 공정하지 않았음. 이석우가 자기 마음대로 위원을 지명했다. 여덟. 이석우가 토요일과 일요일에 공용 차량을 사사로이 썼음. 관련 금액을 돌려받기로 했다. 아홉. 기타운영비를 적절하지 않게 썼음. 이석우가 "법인카드로 담배 4만 5,000원어치를 산" 것으로 드러났다. 열. 보직 인사 관리가 적절하지 않았음. 채용 공고를 냈을 때 모집한 분야와 다른 곳에 신입 직원을 보낸 것으로 밝혀졌다. 열하나. 시청자미디어재단 설립 뒤 1년 동안 인사 발령이 잦았음. 2015년 17번, 2016년 39번이나 서울과 지방을 오가게 한 인사 발령이 이뤄져 직원 고충이 컸다. 열둘. 2016년 2월 이사장 직책수행경비 쓰임새가 적절하지 않았음. 14번에 걸쳐 173만 5,000원이 잘못 쓰였다. 2015년 12월 뉴스타파가 이석우 직책수행경비 쓰임새에 문제가 있다고 알린 뒤였는데도 여봐란듯이 알맞지 않은 곳에서 법인카드를 한 달 동안 14번이나 더 썼다.

법인카드를 또다시 허투루 쓴 건 좀처럼 이해해주기 어려운 행위였다. 한 차례 바람—여론 꾸짖음—이 불었으되 시간 흘러 그쳤으니 문제 없을 거라 여겼을까. 한 구덩이에 포탄이 거듭 떨어지지는 않을 거라 생각했을까. 내내 잘못된 게 없다고 여겼기 때문이었을까. 몹시 어지러웠다.

2016년 10월 이석우가 뉴스타파와 내게 민형사 소송을 일으켰을 때 방송통신위원회의 시청자미디어재단 종합 감사가 한창이었다. 2016년 9월 29일부터 10월 19일까지 감사가 이어지는 동안 혹시나 있을지 모를 뉴스타파 후속 보도에 딴죽을 걸고픈 마음에 소송을 일으킨 건 아닐까. 혹시 그랬다면 그르친 거다. 소송이 시작된 뒤 나는 제대로 밝히지 못한 몇몇 의혹이 못내 아쉬워 눈에 더욱 큰 불을 켰다. 이석우. 혹시 그가 한국 사회 엘리트 카르텔 지표일까.

씁쓸했다. 눈에 띄지 않는 곳, 귀에 들리지 않을 벽 너머 짬짜미 때문에 한국 사회가 곪을까 싶어서. 꾸짖어 바로잡아야 할 땐 모질게 몰아쳐야 옳다. 그것이 공익 이룰 열쇠요 사회 정의다.

정치인

방송통신위원회 감사팀이 콕 집어 가리킨 시청자미디어재단 채용 관련 잘못이 더 있었다. 열셋. 이석우가 추천한 두 사람을 부산과 서울 시청자미디어센터에 보냄. 이석우가 "부당히 간여"한 것으로 드러났다. 열넷. 이석우 심복인 시청자미디어재단 기획정책부장 박 아무개가 추천한 사람을 광주시청자미디어센터에 보냈음. "채용 절차가 부적절"했던 것으로 밝혀졌다.

두 사례 모두 내게 들어온 제보와 뉴스타파 보도에 힘입어 세상에 알려졌다. 서울시청자미디어센터 파견자 뒤엔 더불어민주당 국회의원 유승희. 광주시청자미디어센터 파견자 뒤엔 오랫동안 더불어민주당 쪽 국회의원을 도우며 자기 힘을 키운 윤 아무개. 부산시청자미디어센터 파견자 뒤엔 이석우. 특히 유승희는 시청자미디어재단에 여러 차례 채용 부탁을 한 의혹이 불거져 시민 가슴에 큰 상처를 냈다.

2016년 3월 서울 성북구 서울시청자미디어센터에 파견직으로 채용된 신 아무개. 그의 아버지가 유승희 지역구—서울 성북구갑—사무소에 드나들며 특별보좌역을 스스로 맡아 움직였다. 유승희 남편인 유 아무개와 초등학교 동창이기도 했고. 유승희 지역구 사무소 몇몇 관계자도 신 아무개의 아버지를 잘 알고 있었다. 그가 서울 성북구에서 "(더불어민주당) 당원 생활을 꽤 오래 한 걸로 안다"고들 말했다.

유승희는 모르쇠. 서울시청자미디어센터 신 아무개를 "잘 모른다" 했다. 신 아무개 채용을 부탁했느냐는 질문에도 "그런 적 없다" 했고. 신 아무개 아버지도 "남편 초등학교 동창이라 알게 된 게 아니"고 "정치를 하다 보니까 (신 아무개 아버지가 당원이어서) 당연히 지역구에 와서 알게 된 것"일 뿐이라고 주장했다.

시청자미디어재단에 딸 친구 임 아무개 채용을 부탁한 의혹
도 불거졌다. 이석우가 유승희 부탁을 받아 임 아무개의 2016년
6월 신입 직원 서류 전형 통과를 꾀한 문자메시지가 나온 것. 문
자메시지는 이석우로부터 시청자미디어재단 몇몇 간부에게 건
너갔고, 인재선발시험위원에게도 뜻이 닿은 것으로 보였다.

"임○○…, 임○○이 누구더라." 유승희는 임 아무개를 잘 기
억하지 못하는 듯했다. 채용 부탁을 두고도 마찬가지. "시청자
미디어재단에선 따님 친구라는 말이 돌기도 했는데, 임○○ 씨
에 대한 (채용) 부탁 말씀을 하신 걸로 제보가 있던데요"라는 내
물음. 그런 적 "전혀 없어요"라는 유승희 대답. "이석우 이사장
한테도 (임 아무개를 채용해달라고) 말씀하신 적 없습니까?"라는
내 물음. "없어요"라는 유승희 대답. 나중에 유승희는 "확인해
보니 (임 아무개가) 딸 고교 동창이 맞다"고 밝혔으되 시청자미디
어재단 채용 청탁 의혹을 두고는 아무런 말도 내놓지 않았다. 이
석우도 유승희 쪽 채용 청탁 여부를 두고 "아는 게 없고 그런 적
없다"고 주장했다. 자신이 시청자미디어재단 몇몇 간부에게 보
낸 문자메시지가 또렷했음에도.

이석우 문자메시지에는 유승희 쪽에서 채용을 부탁한 사람이
둘 더 있을 성싶은 정황이 담겨 있었다. 박근혜 정부 방송통신위
원회는 그러나 서울시청자미디어센터로 파견된 신 아무개만 짚

었을 뿐. 나머지 의혹을 따로 조사할 수 없었다면 검경에 수사를 요청하는 게 마땅했을 터다.

방송통신위원회가 그리하지 않은 까닭은 무엇일까. 방송통신위원회 국정을 들여다보고 조사하는 국회 미래창조과학방송통신위원 유승희가 두려웠을까. 들추지 못할 사정이 따로 있었을까. 아직 제대로 다 밝혀지지 않았다.

"취재 목적이 뭔데요? 취재하는 목적과 의도가 뭐냐고요."

2016년 8월 30일 전라남도 광주에서 가까운 한 고등학교 선생 윤 아무개 말. 학교 진학상담실에서 마주한 그는 내 물음에 대답 대신 질문을 쏟아냈다. 내 취재 목적이 하찮고 의도가 참되지 못한 성싶다는 느낌을 풍기려 애썼고. 큰 사건 많을 텐데, 그래, 그깟 일로 광주에까지 왔느냐며 비꼰 것. 하지만 그가 목청 돋워 같은 말을 되풀이할수록 내 더듬이엔 '궁지에 몰린 그'가 닿았다. "내가 (국회 보좌관 윤○○의) 형이라는 걸 어떻게 알고 오셨어요? (사실을) 확인해서 뭘 어떻게 하겠다는 거예요?" 사실인지를 확인해 제대로 세상에 알리려는 내 뜻을 흩뜨리고픈 윤 아무개 속마음이 연신 솟구쳤다.

"백○○ 씨가 올 3월부터 7월까지 광주시청자미디어센터에서 일했는데 혹시 (국회에 있는) 동생을 통해 채용 부탁 말씀을 하셨느냐"는 게 내 물음. 그의 동생 윤 아무개는 1998년부터 2016년까지 19년째 국회의원 보좌관으로 움직였고 문재인 정부 들어 청와대 행정관이 됐다. 이석우 심복 박 아무개가 광주시청자미디어센터에 파견할 만한 사람을 추천해달라고 하자 자기 조카인 백 아무개를 소개한 것으로 드러났다. 알음알음한 짬짜미 채용이었던 터라 "절차가 부적절했다"는 감사 결과가 나왔고.

외삼촌 윤 아무개는 조카 백 아무개의 고교 스승이기도 했다. 그는 내 질문이 "응답할 가치가 없는 것"이고 자신은 "취재원 범위에서 벗어났다고 생각"하며 "백○○의 외삼촌인 내가 시청자미디어센터나 그 이상 기관에 압력을 행사할 수 있는 힘을 가진 자가 아닌데, 이것도 기삿거리가 되느냐"고 말했다. 내가 이러쿵저러쿵 다 짚어줄 이야기가 아니었고, 그도 그쯤에서 되풀이하던 말을 멈추고 나를 놓아줬다.

그해 9월 1일 한 국회의원 보좌관으로부터 "윤○○은 (국회의원으로) 출마하고 싶어해요"라는 말이 들렸다. 20대 총선—2016년 4월 13일—을 앞두고 2015년 가을부터 "본인 (출마) 준비가 급했다"는 것. 더불어민주당 국회의원 후보로 나설 생각을 품을 만큼 윤 아무개는 힘센—베테랑—보좌관이었다. 특히 2016년 9월 21일 방송통신위원회 한 직원은 "윤○○이가 내 고향 후밴데 개 말로는 (광주시청자미디어센터에서) 아르바이트할 사람을 소개해달라는 (시청자미디어재단 박 아무개의) 얘기에 자기 조카를 (추천)했다더라"고 내게 말했다. 광주시청자미디어센터 파견직을 가벼운 아르바이트 자리로 알았다는 것. 자신뿐만 아니라 광주에 있는 형과 조카를 취재하는 내 움직임이 깊어지자 방송통신위원회 직원에게 은근히 에둘러 하소연해 닥친 일을 가라앉히거나 몸을 빼고팠던 모양. 말할 것도 없이 그럴 수 없는 일이었다. 나는 2016년 10월 5일 자 뉴스타파 기사 「복마전 이룬 시청자미디어재단 파견직 채용」으로 비리 실태를 알렸다. 윤 아무개 조카 사례를 담아서.

윤 아무개는 광주시청자미디어센터 파견직을 두고 "부정한 청탁이나 부적절한 행위가 없었다"고 내게 말했다. 알음알음한 자리에 조카를 소개한 게 적절했다는 뜻인가. 우리가 달리 까닭이 있어 '소 도둑 될 바늘 도둑'을 걱정하나. 바늘에 손댄 걸 가벼이 여기는 사람에게 국회를 맡길 생각이 있는 시민이 몇이나 될지 몹시 궁금하다.

이석우는 고등학교 동창 딸인 엄 아무개를 부산시청자미디어센터 파견직 자리에 끼워 넣었다. 국회의원 유승희와 국회 베테랑 보좌관 윤 아무개 지인이 서울과 광주 시청자미디어센터에 채용됐을 무렵이다. 2016년 8월 22일 시청자미디어재단 확대간부회의를 열어 "대구에 있는 고등학교 동기의 딸이 작년에 시청자미디어재단에 지원했는데 떨어졌고, (동창에게) 내가 너를 도와줄 수 있는 건 파견직이라고 제안했더니 '해주면 좋다'고 해 부산센터장에게 추천했다"고 털어놓았다.

그리 말한 걸로 다 덮일 줄 알았을까. 그럴 수 없었다. 부산시청자미디어센터에선 이석우 고교 동창 딸을 채용하느라 2016년 1월 1일부터 12월 31일까지 1년 동안 일하기로 이미 계약한 이를 "예산이 없다"는 핑계를 대며 6개월 만에 내보내야 했기 때문. 법인카드를 허투루 쓴 언론인 출신 시청자미디어재단 이사장 품으론 다 덮을 수 없는 일이었다. 특히 양심이 일군 호루라기─제보─앞에선 한낱 하품거리 쨈짜미에 지나지 않았다.

특별한 배려

시청자미디어재단 이사회가 2017년 2월 6일 의결한 '이석우 해임'은 한 달 뒤인 3월 7일에야 방송통신위원회에 건의됐다. 이석우 이의 제기 절차 따위를 모두 소화하느라 늦어졌다지만 물밑 준동 탓에 방송통신위원회가 주춤거렸기 때문으로 들렸다. 실제로 그해 2월 21일 이석우가 자유한국당 국회의원 둘을 찾아가 '좌파들이 음모를 꾸미며 자기를 자르려 한다'는 둥 '자신이 누명을 써 억울하게 당할 처지'라는 둥 살아날 틈을 더듬는다는 귀띔. 그리 움직인 약발이 좀 먹혔던지 자유한국당 한 의원실에서 방송통신위원회 감사 책임자를 세 차례나 불러 '감사를 잘못해 이석우가 쫓겨날 처지에 놓인 게 아닌지'를 따졌다. 이석우 뒷벽 너머에 정치인이 있고, 특히나 새누리당으로부터 이어진 자유한국당이 버티고 있음을 방증한 셈. 하지만 일은 이미 호미는커녕 가래로도 막을 수 없게 된 뒤였다. 온갖 비리로 '해임'에 닿은 터라 '자유한국당 국회의원 할아버지'가 팔 걷어붙이고 나선들 될 일이 아니었다.

한데 엉뚱한 곳에서 곰지락곰지락. 이상했다. 2017년 3월 7일 시청자미디어재단 이사회로부터 방송통신위원회로 '이석우 해임 건의'가 건너갔고, 이튿날 방송통신위원장실로 전해졌음에도 위원장 최성준이 재가하지 않고 이날 저 날 하는 게 아닌가. 그달 20일까지 열사흘이나 고민하던 최성준은 결국 시청자미디어재단 이사회의 이석우 해임 건의를 받아들이지 않았다. 놀랍게도. 2017년 3월 20일 방송통신위원회가 시청자미디어재단에 건넨 공문엔 "이사장 해임 처분에 관한 다양한 의견을 종합적으로 판단한 결과 해임 건의를 받아들이지 않기로 했다"고 또렷이 쓰여 있었다. 나는 도무지 믿기지 않아 최성준에게 "재단 이사회 해임 건의가 잘못됐거나 방송통신위원회가 벌인 감사 결과에 문제가 있어 건의안을 반려한 것이었느냐"고 물었다. "해임 건의안을 반려한 이유는 어제 (3월 20일) 시청자미디어재단에 보낸 문서에 기재돼 있는 대로입니다. 방통위가 행한 감사 결과에는 변경이 없다"는 최성준 대답. 이걸 대체 어찌 읽어야 할지. 어지러웠다. 그나마 뚜렷한 건 시청자미디어재단 이사회의 이석우 해임 결정을 최성준이 송두리째 뒤집은 점. 방송통신위원회가 벌인 종합 감사 결과를 위원장이 뒤집은 것이나 매한가지로 읽혔다. 방송통신위원회 관계자가 "위원장께서 결정한 일"로 확인해주기도 했으니 온전히 최성준 책임인 게 틀림없지 않은가.

이석우가 반색했다. 2017년 3월 21일 아침 시청자미디어재단 직원들에게 방송통신위원회로부터 온 문건을 내보이며 "방통위가 (해임 건의를) 반려했다"고 알렸다. 놀람. 이사장 자리를 지키겠다는 뜻으로 들렸기에 "이게 어찌된 일인지"를 묻는 전화 여럿이 내게 닿았다. "글쎄요. 저도 잘 모르겠습니다. 거참, 어이없네요"라는 내 대답. 그날 오전 11시. 시청자미디어재단 안팎과 내 더듬이가 곤두선 지 두 시간쯤 지났을 무렵. 이석우가 말을 조금 바꿨다. "방통위원장이 해임 건의안을 반려했지만 (나는) 재단을 떠나려 한다"고. 해임 건의가 되돌려졌으니 계속 이사장 자리에 있어도 되겠지만 스스로 물러나겠다는 얘기. 이석우 말이 바뀐 앞뒤 까닭인즉 이랬다. 해임되지 않고 스스로 물러날 수 있게 방송통신위원회와 최성준이 마음을 써준 건데 이석우가 그 틈을 비집고 딴전을 부리려 했다는 거. 방송통신위원회 상임위원 고삼석도 "'마지막 배려'를 이석우 씨가 악용하는 일이 없기를 바라며, 면죄부로 해석되어서도 안 될 것"이라고 오금 박았다.

그날 오후. 이석우가 낸 사직서를 최성준이 받아들였다. 결국 방송통신위원회가 이석우를 그만두게 한 게 아니라 이석우가 스스로 물러난 꼴이 되고 말았다. 2015년 5월 18일 시청자미디어재단 첫 이사장이 된 지 2년 하고도 나흘 만이었다.

시청자미디어재단을 떠난 이석우는 자유한국당 본색을 드러냈다. 2017년 4월 19대 대통령 선거에 자유한국당 후보로 나선 홍준표의 공보 특별보좌관 겸 온라인 대변인이 된 것. 대선 뒤 그해 7월엔 자유한국당 디지털정당위원회 위원장이 됐고. 11월 엔 "눈에는 눈 이에는 이라는 말이 있다. (한반도가) 핵 인질로 전락한 상황의 최선책은 핵으로 대응하는 것뿐"이라며 미국 백악관 시민 청원 사이트 '위더피플(WE the PEOPLE)'에 전술핵 남한 재배치를 요구하자고 주장했다. 자유한국당 디지털정당위원장 자격으로.

이석우가 시청자미디어재단에서 스스로 물러나지 못하고 이 사회 건의대로 해임됐다면 자유한국당 대통령 후보 홍준표를 특별보좌할 수 있었을까. 디지털정당위원회 위원장 같은 당직을 맡을 수 있었을까. 한반도에 핵무기를 더 들이자고 말할 수 있었을까. 이석우는 지금 어딜 가서든 시청자미디어재단 이사장을 스스로 그만뒀다고 말할 수 있다. 박근혜 정부 방송통신위원회 위원장 최성준 덕분이다.

짬짜미

짬짜미가 고스란했다. 벽 너머 이야기가 있는 그대로 다 들려
온 바람에 내가 되레 오그라들 지경. 가물가물하다가 끝내 사라
지기 일쑤였던 한국 고위 공무원 본디 모습과 생각과 말본새가
불쑥불쑥했다. 특히 나를 두고 뭐라 했으니. 나는 못내 웃었다.

등장인물

최성준. 박근혜 정부 방송통신위원회 위원장. 2014년 4월
8일부터 2017년 4월 7일까지 3년 동안. 오래전 경기고등학
교와 서울대학교 법학과를 나와 1981년 23회 사법시험에
합격해 판사가 됐다. 법조에선 춘천지방법원장과 서울고등
법원 부장 판사까지 지냈고.

박○○. 방송통신위원회 고위 공무원.

김1. 박근혜 정부 방송통신위원회 이용자정책총괄과장.

김2. 같은 때 방송통신위원회 통신시장조사과장.

넷 둘레에 방송통신위원회 공무원이 좀 더 앉아 있었지만
이야기에 끼어들지는 않았다.

때

20대 국회 미래창조과학방송통신위원회의 방송통신위원
회 국정 확정감사를 이틀 앞둔 2016년 10월 11일.

곳

정부과천청사 2동 4층 방송통신위원회 위원장실 옆 회의실.

왜

이틀 앞으로 다가온 국회 국정감사 쟁점과 그 무렵 막바지
에 이른 성싶은 뉴스타파의 '방송통신상품 묶음판매 경품
위법행위 관련 취재'에 대응할 방법을 찾으려고.

최성준: 원래 (방송통신상품 묶음판매) 허위 과장 광고와 경품
관련 업무를 (이용자정책)총괄과에서 했나요?

박○○: 그때 (2015년 3월) 당시에는 총괄과에서 했습니다.

최성준: 변재일 의원이 (말하는 담당 국장이 경품 조사 업무를)
자체 종결 처리했다는 (주장의) 근거가 있나요?

박○○: 결과물이 없으니까…(없죠).

최성준: 결과물이 없으니까…(없다)! 케이블 TV와 이동전화
를 포함한 경품 상한선 규제란 건 뭐예요?

김1: 28만 원이라는 (경품 제공) 상한선이 그때는 없었고요.

25만 원까지만 있었습니다.

최성준: (경품을 25만 원어치까지만 줄 수 있는) TPS(방송통신상품 3개를 하나로 묶어 파는 것)밖에 없었다!

박○○: 이게 (2015년) 8월 (경품) 제도 개선 사항에 들어가 있어요.

김2: 별건 조사였습니다. 만약 추가 보강조사가 되려면 (2015년 9월) 2차 조사(를) 할 때 (2015년 3월에 살핀) 1차 조사 대상기간이 포함되어야 하는데 그렇지 않거든요.

최성준: 조사대상기간이 겹치는 부분도 있고, 안 겹치는 부분도 있다, 이거죠? 2015년 1~2월 (사전) 조사까지 (포함해서 1차로) 조사한 자료는 (그해 9월) 2차 조사 때 활용을 했나요?

박○○: 꼭 그렇지는 않습니다.

최성준: 꼭 그렇지는 않고!

김2: 저희는 (2015년) 9월부터, (그해) 1월에서 9월까지를 (조사대상기간으로 삼아) 새로 조사한 것입니다.

박○○: (2차) 조사대상기간이 (2015년 1월에서) 9월로 돼 있는데 제가 보기에는 1차 조사가 미흡해서 새로 조사를 시작한 것이죠. 그때는 (28만 원짜리) 경품 기준도 없었고….

최성준: 경품 기준에 대해 말하기가 좀 그런 게…, (28만 원어치까지 줄 수 있는) 경품 기준을 설사 (2015년) 8월에 정했다 하더라도 (그 새 기준에 따른) QPS(방송통신상품 4개를 하나로 묶

어 파는 것)를…, (2차) 조사대상기간이 (2015년) 1월부터 9월 까지잖아요? …. QPS (경품 제공 상한을 28만 원으로) 정하기 전, 이걸 조사한 것이란 말이에요.

박○○: (2015년) 8월에서 9월은 적용이 되는…(거죠).

최성준: 8월에서 9월은 적용이 되고 나머지는 안 되는 건데, (왜냐면 QPS) 경품 기준이 나중에 생겼으니까….

박○○: (그러니 1차 조사까지) 소급 적용하는 것도 문제가… (있죠).

최성준: 그래서 변재일 의원실(에) 설명을 했나요?

박○○: (탁자에 종이 문건을 내밀며) 요거는 그전에 설명한 걸로 끝났고요. 변재일 의원께 말씀을…. (다른 문건을 내밀며) 요거는 어제 (뉴스타파) 취재와 관련해서 의원실과는 무관하게 정리해본 겁니다.

최성준: …. (종이 문건을 본 뒤) 그런데 이렇게 설명을 해가지고 이은용이 납득을 하겠나?

박○○: 이거는 제가 (이은용과) 통화를 했구요. 통화된 내용 중심으로 제가 정리를 했고요.

최성준: …. 대변인 이야기는, 이은용이는 계속 (박○○) 국장하고 통화했는데도 자기(박○○)는 잘 기억이 안 난다(고 말하더라는 건데).

박○○: 그래서 어려움이란…. 정부가 (뭔가) 설명을 하면

(그대로) 수용을 안 하고, 논쟁하려고 하면 끝이 없는 것 아니겠습니까? (정부 고위 공무원이) 이야기를 하면 (그냥) 그런가 보다 해야 하는데 자기(이은용)는 이해가 안 된다고 하는게, 계속 이거는 문제가 있다는 식으로, 왜 (최성준에게) 보고를 안 했느냐!

최성준: (이은용이) 그건 알고 있어요? 2015년 1월부터 9월까지 (2차로) 조사해서….

박○○: 하고 있는 거는 설명을 했습니다.

최성준: 원래 알고 있던가요?

박○○: 제가 어제 통화를 했을 때는 이미 자료를…. 1차, 2차 담당 조사관 이름까지 알고 있더라고요. 그래서 제가 설명을 했습니다. 문제는, 제가 보기에는, 조사기간이 왜 이렇게 늦어졌느냐, 허위 과장 광고는 정액 과징금이지 않습니까? …. 그런 거에 대해서 근본적으로 봐주기가 아니냐, 그거는 일종의 종결, 덮은 게 아니냐는 생각을 (이은용이) 갖고 있는 거죠.

최성준: 일단 전체적인, 또 만약에 문제가 나온다면, 그 당시 조사가 충분치 못해서 별도로 다시 그 부분만 집중을 해서 2015년 1월부터 9월까지(를) 조사대상으로 삼아서 조사를 했고, 제재하기 위해서 시정조치안 의견 조회를 하고 있다. 그런 식으로 (국회 국정) 확(정)감(사)에서 답변하는 건

문제가 아닌 것 같은데…. 업무처리절차 제도 개선 방안 만들었다(고) 하면 될 것 같은데…. 문제는 이은용이가, 그 사람이 보통 끈질긴 사람이 아니라는데…. 또 뭐 (이건) 말도 안 되는 거라고…(하면).

박○○: 제가 설명을 했거든요. 허위 과장 광고는 포스터만 보기 때문에 3~4주 만에 종결할 수 있는 상황이기 때문에, (조사가 금방 끝나지만) 이거(경품 위법행위 찾기)는 회계 조사다. 일종의…. 수백만 명을 대상으로 조사를 하기 때문에 조사 인력상 3~4개월에 끝낼 수 있는 사항이 아니다(라고).

최성준: 그럽시다.

고위 품격

초고속 인터넷. 2019년 5월 기준으로 한국 시민 2,156만 8,276명이 쓰는 유선 통신상품. 한국 안 가구 수가 2,100만 곳쯤이니 한 집에 한 회선 꼴이다. 옛 집 전화처럼 으뜸이 되는 통신상품 가운데 하나가 됐다. KT 초고속 인터넷을 쓰는 이가 882만 6,338명. SK브로드밴드 걸 산 사람이 257만 760명이고, 이 회사 인터넷을 도매로 사들인 뒤 시민에게 되파는—재판매하는—SK

텔레콤 쪽 상품을 쓰는 이가 292만 4,825명. SK 계열로 치면 549만 5,585명이다. LG유플러스 걸 쓰는 사람도 414만 1,182명에 이르렀다.

KT와 SK 계열과 LG유플러스 상품을 사들인 이를 모두 합하면 1,846만 3,105명. 한국 안 초고속 인터넷 소비자의 85.6퍼센트다. 20개쯤 되는 케이블티브이사업자가 파는 상품을 쓰는 이도 308만 7,607명이나 되지만, 한국 시민 열에 여덟아홉이 통신기업 4곳에 꽉 붙들린 셈. 한 집에 한 상품 꼴이니 수요도 턱밑까지 찼다. KT와 SK 계열과 LG유플러스가 시장을 단단히 틀어쥔 지도 오래고. 한데 새 고객 꾀기 다툼이 내내 뜨거웠다. 경쟁기업 고객을 빼내 자기 회사 상품을 사게 하는 판촉 때문에 소비자가 돌고 또 도는 흐름. 네 통신기업은 새 고객을 꾈 때 초고속 인터넷에 집 전화와 방송상품인 IPTV 같은 걸 한데 묶어 사면 따로따로 치른 값보다 "싸게 주겠다"했다. 이동전화를 보태 상품 4개를 한 꾸러미로 사면 "더욱 싸게 주겠다"했고.

네 통신기업은 값을 깎아주는 데 머물지 않았다. 방송통신상품 3~4개를 한데 묶어 사는 소비자에게 상품권이나 물품까지 곁들여 줬다. 경품. 심지어 돈을 곁들여 주기도 했는데 '현금 또한 법 테두리 안 경품'이었다. 방송통신위원회가 만들어둔 전기통신사업법이 그랬다. 경품이 시민 살림에 도움이 될 걸로 생각했기 때문. 달랑 초고속 인터넷 하나만 사도 19만 원어치 물품이나 돈을 곁들여 줄 수 있게 했다. 상품 2개를 묶으면 22만 원, 3개를 한데 모아 사면 25만 원. 2015년 8월까지 그랬다. 새 고객을 꾈 때 따로 물품이나 돈을 곁들여 줘도 됐으되 25만 원을 넘기지 못하게 한 것.

통신기업 사이에 고객 빼내기 경쟁이 달아오르다 보니 법에 정해둔 경품 제한을 깔보는 일이 잦아졌다. 특히 2014년 하반기 다툼이 가관. '사은품 40만 원'과 '40인치 LED TV' 같은 게 경품으로 나왔다. 그때 줄 수 있는 경품 한계인 25만 원어치를 훌쩍 넘은 것. '현금 최대 100만 원'까지 내걸렸으니 그야말로 난장. 모두 전기통신사업법을 어긴 행위였다. 새로 꾄 '모든' 고객에게 40만 원어치 경품이나 100만 원을 고루 줬다면야 그나마 나았을 터. 100만 원을 받은 이가 있긴 했으되 25만 원어치에 머문 사람이 많았다. 한 푼도 받지 못한 이도 있었고. 소비자 차별. 시장 규제 당국이 도끼눈 뜨고 매우 무겁게 책임을 묻는 행위였다.

시장이 흐려지자 2014년 10월 24일 열린 방송통신위원회 국정 감사에서 새정치민주연합 국회의원 우상호가 최성준에게 따져 물었다. "지금 KT나 각종 인터넷 회사들이 (초고속) 인터넷에 무선 전화와 유선 전화(를) 묶어가지고 결합상품을 파는데, 보면요. 하여튼 공짜, 무료, TV 플러스 인터넷 1,000원. 이게 지금 말이 안 되거든요. 이 결합상품에 대한 시장 (위법행위) 조사를 하신 지가 3년이 넘었는데 왜 조사를 안 하세요? 이거 조사하실 겁니까?"라고.

"조사해보도록 하겠다"는 게 최성준 대답. "일부 문제가 됐다고 저희한테 신고가 들어온 것은 부분적으로 한 것은 있습니다만 종합적인 건 (없으니) 하도록 하겠다"고 말했다.

최성준이 말한 '종합조사'는 그러나 2014년 말에도 이뤄지지 않았다. 시작할 낌새도 엿보이지 않았고. 2015년 1월에야 방송통신위원회 이용자정책국이 갑자기 바빠졌다.

"위에서 하도 서두르셔서 (긴급히) 2주 정도 (경품 실태 점검 출장을) 간 것으로 기억합니다. (점검할) 지역별로 4개 조를 짰고, 시장 내에서 (조사) 시급성이 있는 것 같았습니다."

방송통신위원회 시장 조사관 말. 그가 말한 '위'는 고위 공무원 박○○과 그때 이용자정책총괄과장이던 김3이었다. 두 사람 위엔 최성준이었고.

2014년 11월과 12월을 흘려보낸 뒤 2015년 1월 들어 몹시 급해진 건 국회 때문으로 읽혔다. 2015년 2월 2일 19대 국회 제331회가 시작돼 그달 10일 1차 미래창조과학방송통신위원회가 열리면 새정치민주연합 국회의원 우상호가 다시 따져 물을 수 있으니까. 국회의원이 콕 집어 가리켰음에도 3개월 동안 아무것도 하지 않았느냐고 거듭 지적받는 일은 방송통신위원회 같은 중앙행정기관에겐 매우 큰 아픔이다. 국회 맞춤 업무를 기관 예산 따내기에 버금갈 큰일로 여기는 바에야 더 말할 나위가 없다.

하여 우상호에게 내밀 "지금 조사하고 있다"는 답변을 마련해야 했을 터. 방송통신위원회는 2015년 1월과 2월 부랴부랴 방송통신상품 묶음판매 실태를 살핀 뒤 그해 3월 2일 24개 기업에게 위법행위 조사 공문을 보냈다. 짬짜미 씨앗이 된 '2015년 3월 조사' 시작! 조사대상기간은 2014년 7월부터 2015년 3월까지 9개월. 현금 100만 원까지 나돌며 경품 경쟁이 지나치게 달아올랐을 때였다. 위법행위 기업 조사는 방송통신위원장 재가를 받은 뒤 공문 보내기로 시작하는 터라 최성준도 처음부터 발을 맞춘 셈이다.

이쯤에서 짚어둘 건 조사 주체. 방송통신상품 묶음판매에 곁들여 준 물품과 돈을 살펴야 하니 조사를 맡아 할 곳은 방송통신위원회 방송시장조사과이거나 통신시장조사과여야 마땅했다. 본디 하던 일이 그랬으니까. 조사에 얽힌 통신상품이 셋—초고속 인터넷과 집 전화와 이동전화—이고, 방송상품이 하나—IPTV—이니 통신시장조사과에서 맡아 하는 게 가장 알맞았다. 한데 고위 공무원 박○○은 조사 주체를 이용자정책총괄과로 삼았다. 뜬금없이. 이용자정책국 일을 한데 모아 관할하는 과에 현장 '조사'를 맡겼으니 생뚱맞은 것. 박○○은 내게 "그때 통신시장조사과에 일이 너무 많아 이용자정책총괄과가 하게 한 것"이라 말했지만 꼭 그렇지는 않았던 것으로 확인됐다. 그 뜻 그대로 잘 알아서 받아들인 방송통신위원회 직원도 많지 않았고. 특히 박○○과 김3이 "둘 다 행정고시 출신이고 서울대학교 외교학과 선후배여서 뭐든 믿고 맡기는 관계였기 때문"으로 풀어낸 이도 있었다.

2016년 10월 11일 국회 국정감사 쟁점 대응 회의에서 최성준 첫 말마디가 "원래 허위 과장 광고와 경품 관련 업무를 이용자정책총괄과에서 했느냐"에 맺힌 것도 같은 맥락. 최성준이 "그때 (2015년 3월) 당시에는 총괄과에서 했다"는 박○○ 대답을 차분히 살펴 잘못을 꾸짖고 함께 반성하며 틀어진 걸 바로잡았다면 어땠을까. 지금. 이용자정책총괄과장 김3과 고위 공무원 박○○과 방송통신위원장 최성준이 검찰에 불려 가지 않았을 수도 있을 터다.

셋은 그러나 2015년 3월 조사를 도중에 멈춘 걸 가리는 데 입을 맞추고 말았다. 고위 공직자 품격에 걸맞은 말마디요 올바른 몸짓이었을까.

공동정범

김3과 박○○과 최성준. '공동정범으로 직권을 남용하거나 직무를 유기한 혐의'를 샀다. 셋이 범죄를 저질렀을 수 있다고 보고 검찰에 수사를 요청한 게 방송통신위원회라는 점도 의미 깊다.

사건 들머리는 2016년 10월 12일 자 뉴스타파 기사 「방통위, 통신사업자 과징금 100억 원대 위법행위 알고도 덮었다」. 정부 과천청사 2동 방송통신위원회 회의실에서 벌어진 짬짜미 이튿날이요 국회 감사 전날이었다. 2014년 7월부터 2015년 3월까지 9개월 동안 KT·SK브로드밴드·SK텔레콤·LG유플러스가 방송통신상품 묶음판매를 하며 지나치게 많은 경품을 곁들인 위법행위 3만 8,433건이 드러났음에도 아무런 책임을 묻지 않았다는 게 알맹이. 도중에 조사를 멈춰 수백만 건으로 짐작된 네 통신기업의 경품 지급 수를 다 들여다보지 않은 바람에 100억 원대로 헤아려진 과징금을 덮어준 꼴이 됐다고 짚었다.

나는 그날로부터 2019년 1월 16일까지 다섯 차례 더 관련 사건을 헤집었다. 나랏돈에 보태 시민 복지와 편익을 높이는 데 썼어야 할 100억 원이 사라진 꼴이었기에 진실 헤집기를 멈출 수 없었다. 시민 알 권리 짊어진 까닭 되새기며.

박근혜 정부 방송통신위원회 이용자정책총괄과장 김3을 비롯한 조사관 8명이 2015년 3월 2일부터 24개 기업의 경품 지급 수 14만 7,641건을 들여다봤다. 이 가운데 KT와 SK 계열과 LG유플러스 경품 지급 수는 9만 9,533건으로 67.3퍼센트, 209억 3,303만 1,104원어치였다.

매우 적었다. 경쟁이 지나치게 달아오른 나머지 경품 지급 수가 수백만 건이었을 것으로 짐작됐기 때문. 짬짜미 회의에서 최성준이 짚은 2015년 9월 "2차 조사" 때 들여다본 KT와 SK 계열과 LG유플러스 경품 지급 수가 268만 195건인 것에 견주면 '1차 조사 9만 9,533건'은 3.71퍼센트에 지나지 않았다.

방송통신위원회 안에서 "경품은 TV 같은 물건이나 백화점 상품권, 심지어 현금으로 그때그때 다른 액수가 지급되기 때문에 전수조사를 하게 마련인데 14만 건만 살펴본 게 의문"이라는 말이 솟았다. 실태를 살펴 위법행위가 나오면 방송통신위원장 재가를 받아 현장 사실조사 공문을 띄우고 조사대상 하나하나 모두 들여다보던 절차가 무너진 것. "경품 위법행위가 확인돼 사실조사를 시작했는데 전수조사를 안 한 건 처음"이라는 말까지 들렸으니. 2015년 3월 방송통신상품 묶음판매 경품 위법행위 조사는 깊이 곪아 있었다.

고위 공무원 박○○은 이용자정책총괄과에서 하던 2015년 3월 조사를 멈춘 게 아니라 "보강하는 조사를 추가적으로 (2015년 9월) 통신시장조사과에서 시작해 최근까지 해왔다"고 주장했다. 그가 말한 "최근까지"는 2016년 10월 12일 자 뉴스타파 보도가 눈앞에 다가왔을 무렵. 2015년 9월까지 거꾸로 세면 1년, 그해 3월까지 헤아리면 1년 7개월이 흐른 뒤였다. 박○○은 2016년 10월 10일 기어이 "정부가 설명하면 받아주시면 되지 왜 자꾸만… (그리 취재하려) 하십니까!"라며 목소리를 돋웠다. 이튿날 짬짜미

회의에서 그가 최성준에게 "정부가 (뭔가) 설명을 하면 (그대로) 수용을 안 하고, 논쟁하려고 하면 끝이 없는 것 아니겠습니까? (정부 고위 공무원이) 이야기를 하면 (그냥) 그런가 보다 해야 하는데 자기(이은용)는 이해가 안 된다고 하는 게, 계속 이거는 문제가 있다는 식으로, 왜 (최성준에게) 보고를 안 했느냐!"고 말한 것과 한 맥락. 하지만 "보강조사"를 뒷받침할 만한 게 없었다. 2015년 3월에 벌인 경품 위법행위 사실조사가 넉넉하지 못해 그해 9월부터 보강조사를 시작했고, 그걸 2016년 10월까지 1년째 하고 있다는 주장이니 어찌 그대로 다 받아들일 수 있겠는가. 보강조사 근거를 내놓지도 못하면서 어찌 그걸 믿으라 했을까. 설마. 내가 믿어주리라 여겨 그리 말했을까. 도무지 믿기지 않을 얘기였다.

2015년 3월 조사를 지휘한 김3도 박○○과 한배를 탔다. "(오래돼) 기억이 잘 안 나지만 과징금을 부과할 만한 사항이 아니었다"라고. 내 취재가 더 깊어진 뒤엔 "통신시장조사과로 업무가 이관되면서 (2015년 3월 조사) 자료하고 직원이 같이 넘어갔다"는 말만 되풀이했다. 일과 자료를 넘긴 근거를 내놓지도 못하면서.

김3과 박○○이 통신시장조사과로 책임을 떠넘기려 했지만 일과 자료를 주고받은 증거가 없었다. 정보 공개 청구에도 '별도의 공문을 생산하지 않아 정보 부존재'라는 답변만 되돌아왔고. 통신시장조사과 쪽에선 "받은 게 전혀 없다"는 말이 솟았다.

김3은 달리 내놓을 말이 없어 좀 급했던지 이용자정책총괄과에 있던 주무관 한 사람이 통신시장조사과로 자리를 옮기면서 2015년 3월 조사 자료와 일이 "함께 넘어간 것"이라고 주장했다. 거짓말. 방송통신위원회 안에서 곧바로 "주무관이 뭘 업무를 갖고 움직입니까. 상식적으로 말이 안 되는 얘기"라는 귀띔이 왔다. 김3이 가리켰던 주무관도 "제가 그 업무를 갖고 (통신시장조사과로) 넘어간 건 아니에요. 저는 그냥 인사이동을 한 거죠"라고 말했다. "저는 (인사 명령에 따라 다른 과로) 가라면 가고 그런 거지, 제가 업무까지 위임을 받고 하는 게 아니"라고 덧붙였고. 자신이 경품 위법행위 조사 업무와 함께 통신시장조사과로 넘어갔다고 말하여지는 걸 받아들이지 못했다. 어이없는 얘기였으니까.

박○○은 마침내 업무 이관을 "구두로 지시했다"고 말했다. 중앙행정기관에선 일 따위를 넘겨주거나 받아 맡을 때마다 알맹이가 무엇이고 책임자는 또 누구인지를 밝혀 문서로 남겨야 한다. 한데 말로 했다 하니, 나는 그 말을 얼마큼 믿어줬어야 할까.

또 침묵

2015년 9월 통신시장조사과가 시작한 이른바 "2차 조사"는 따로인 게 뚜렷했다. 1차, 2차로 차례를 매기거나 앞에 것에 뒤에 걸 더하거나 할 게 아닌 것. 방송통신위원회 시장 조사관 증언도 잇따랐다. "사실 별개 조사입니다." "(2015년) 3월 조사와 9월 조사는 전혀 달라요." "(위법행위 사실조사) 공문이 따로따로 나갔습니다."

공문이 건너간 조사 기업 수부터 달랐다. 14곳. 2015년 3월 조사 때엔 24곳이었다. 조사대상기간도 2015년 1월부터 9월까지 9개월. 박○○ 주장처럼 "보강조사"였다면 2015년 3월 조사 대상기간인 2014년 7월부터여야 했다. 박○○은 2015년 1월부터 3월까지 3개월 동안 두 조사대상기간이 겹친 걸 두고 "보강조사" 근거라고 주장하기도 했다. 하지만 2015년 3월 조사 자료 따위가 통신시장조사과로 넘어가지 않았기에 그해 9월 조사에 뭘 "보강"한 바 없고, 기업에 건넨 공문이 따로따로였던 걸 누를 만한 말마디가 되진 않았다. 2018년 1월 방송통신위원회 감사 결과도 '별건 조사'로 밝혀졌고.

흐름이 그랬으니 최성준도 2016년 10월 11일 짬짜미 때 "보강조사"가 틀림없었는지 알아보려 한 것으로 보였다. "조사대상기간이 겹치는 부분도 있고, 안 겹치는 부분도 있다, 이거죠? 2015년 1~2월 조사까지 (포함해 1차로) 조사한 자료는 (그해 9월) 2차 조사 때 활용을 했나요?"라고. "꼭 그렇지는 않습니다"라는 게 박○○ 대답. 벽 안쪽 말마디가 그리 오갈 때쯤 최성준이 잘못을 꾸짖고 함께 반성하며 틀어진 걸 바로잡았다면 어땠을까. 검찰 조사를 끌어안지 않았을 터다.

2016년 11월 22일. 짬짜미로부터 한 달 열흘쯤 흘렀을 때. 최성준은 내게 "(2015년) 3월에는, 경품 부분은 저희가 (의결) 안건으로 올릴 정도로 치밀하게 전수조사가 안 돼 있습니다. 샘플조사를 한 걸로 알고 있습니다. 저는 그렇게 보고를 받았다"고 말했다. 2016년 10월 4일과 10일—짬짜미 하루 전—, 11월 11일과 16일과 22일 출근하는 그를 따라가며 묻거나 메신저와 이메일 질문을 거듭한 끝에 얻은 답변다운 첫 대답. 그땐 잘 몰랐지만, 최성준은 박○○과 입을 맞춘 대로 내게 말한 거였다. "일단 전체적인, 또 만약에 문제가 나온다면, 그 당시 조사가 충분치 못해서 별도로 다시 그 부분만 집중을 해서 2015년 1월부터 9월까지(를) 조사대상으로 삼아서 조사를 했고, 제재하기 위해서 시정조치안 의견 조회를 하고 있다"고 말했듯. 답변했으되 그가 끝내 말하지 않은 것 하나. "2015년 3월 경품 조사 결과도 처분하시나요?"라는 내 질문 뒤 대답. 묵묵. 최성준이 김3과 박○○과 함께 사건을 끌어안았다. 짬짜미한 대로 말하고 움직였다.

박근혜 정부 방송통신위원회는 경품 위법행위 조사 1년 10개월 만인 2016년 12월 6일에야 네 통신기업에게 과징금 106억 7,000만 원을 물렸다. 기어이 2015년 3월 치를 뺀 채 2015년 9월 조사 결과에만. 앞서 뉴스타파가 보도했을 뿐만 아니라 2016년 12월 6일 과징금 처분을 앞두고 "2015년 3월 조사 결과도 제재에 포함되느냐"는 질문을 연거푸 들었음에도. 거듭된 국회 지적마저 업신여겼다. '이건 너무 지나치지 않나. 이토록 이치에 어긋나야 할 까닭은 대체 뭘까. 침묵 벽 뒤 최성준 옆에 누군가 있나 보다. 누굴까.'

제보자 Y

"SK." 제보자 Y1을 처음 만났을 때 가장 크게 들린 말. 2016년 4월 어느 날. 그는 SK텔레콤과 SK브로드밴드를 뭉뚱그려 그리 말했다. 날이 얼마간 흐른 뒤 만난 제보자 Y2도 마찬가지. 박근혜 정부 방송통신위원회 한 고위 공무원이 자주 즐기는 "게임"이 있는데 그걸 "SK"와 함께한다는 것. 두 사람이 말한 "SK"는 국회와 중앙행정기관 따위를 드나들며 관계를 트는 SK 계열 임직원 한둘을 뜻했다. 옛 정보통신부와 방송통신위원회에서 일하다가 법무법인으로 간 로비스트 하나도 놀이를 함께 즐긴다는 얘기도 들렸다. 서로 단짝이더라까지. 내 귓전을 실제로 울린 말은 "아삼육."

취재 첫머리가 그랬다. '네댓이 모여 게임하는 모습을 봐야 할 텐데.' Y1과 Y2가 말하기로는 "서울 시내 한 호텔"과 "경기도 어디"쯤에 그쳤으니. 한숨부터 샜다.

제보가 "게임"에 닿은 건 방송통신위원회가 SK 계열을 보살피려고 방송통신상품 묶음판매 경품 위법행위를 조사했음에도 "처분하지 않고 있다"는 의혹 때문. 방송통신위원회 몇몇 공무원이 게임과 술자리 따위로 꾸준히 관리된 데다 뇌물 같은 게 섞여 수십억 원에 이를 과징금 처분을 하지 않거나 덮으려 든다는 게 제보 알맹이였다. SK 계열에만 수십억 원이고 네 기업을 합하면 과징금이 100억 원을 훌쩍 넘을 거라는 얘기. 특히 Y2는 "실태 점검 했더니 문제가 있어서 조사 공문 나가면 (현장) 사실조사를 해야 하는데 (조사할 기업) 본사 서버를 보고, 대리점에도 가서 (자료를) 다 본다"며 2015년 3월과 9월 따로따로 조사가 이뤄진 걸 모두 기억하고 있었다.

위법행위 사실을 조사했음에도 1년 넘게 행정 처분이 없으니 호루라기가 솟을 만했다. 방송통신위원회가 생긴 뒤 처음 불거진 일이기도 했고. 제보자 Y1과 Y2 덕에 나는 그나마 한숨 놓았다.

취재가 깊어지자 LG유플러스가 SK 계열보다 더 높이 솟아

올랐다. 2015년 9월 경품 위법행위 사실조사 결과 LG유플러스 위반율이 56.6퍼센트로 가장 높았던 것. 그해 1월부터 9월까지 9개월 동안 새 고객을 꾈 때 경품 52만 1,034건을 내밀었는데 56.6퍼센트인 29만 4,905건이나 법 테두리를 벗어났다.

25만 원으로 묶어뒀던 경품 제한이 2015년 8월부터 28만 원으로 높아졌다. 방송통신상품 4개를 한데 묶어 산 소비자에게 28만 원어치 물품이나 돈을 곁들여 줘도 되게 바뀐 것. 최성준이 2016년 10월 11일 짬짜미 회의에서 박○○을 앉혀두고 "TPS"와 "QPS"를 따지며 짚었던 그 '2015년 8월'이다. 그리 3만 원을 늘렸음에도 LG유플러스는 56.6퍼센트나 위법한 경품을 곁들인 나머지 과징금 45억 9,000만 원을 짊어졌다.

경품 지급 수 14만 7,641건만 살피고 멈춘 2015년 3월 조사에서도 LG유플러스 위반율은 64.7퍼센트나 됐다. 경품 경쟁이 가장 뜨거웠을 때 위반율이 64.7퍼센트로 헤아려졌음에도 과징금을 따로 물지 않았으니 LG유플러스는 아마 크게 웃었을 터. 특히 2015년 3월 조사 땐 'QPS 경품 28만 원어치'도 위법인지라 과징금이 훨씬 많았을 것으로 짐작됐다.

SK 계열과 KT에게 손뼉 쳐줄 일도 아니었다. 2015년 9월 조사 결과 SK브로드밴드가 위반율 52퍼센트로 과징금 24억 7,000만 원, SK텔레콤이 34.5퍼센트로 12억 8,000만 원, KT가 31.4퍼센트로 23억 3,000만 원을 물었다. 2015년 3월 위반율도 SK텔레콤 45.8퍼센트, KT 27.6퍼센트, SK브로드밴드 15.5퍼센트로 모두 만만하지 않았다(검찰은 2015년 3월 네 통신기업 과징금 크기를 '150억 원'으로 미루어 셈한 것으로 알려졌다). 아무튼 LG유플러스에 눈길이 쏠렸다. 드높았던 경품 위법행위에도 과징금 짐을 가장 많이 덜어 가장 크게 웃었을 테니까.

권영수와 최성준

　권영수. 지금 LG 부회장. 2015년 12월 1일부터 2018년 7월 15일까지 2년 7개월 동안 LG유플러스 대표이사 부회장이었다. 권영수가 LG화학에서 LG유플러스로 자리를 옮긴 2015년 12월 은 방송통신위원회가 그해 3월 시작한 경품 위법행위 사실조사 를 도중에 멈춘 뒤 9월 조사마저 끝냈을 무렵. 3월 조사가 처분 없이 거의 덮인 것이나 마찬가지였지만 9월 조사 결과를 두고는 서슬이 얼마간 살아 있었다. 그해 11월 말쯤에야 현장 사실조사 가 끝났으니까. 더불어 짚어둘 건 경품 위법행위를 조사할 때 함 께 살핀 방송통신상품 묶음판매 허위·과장 광고 관련 과징금 처분이 2015년 5월 28일과 12월 10일 따로 이뤄졌다는 점. 5월 엔 SK텔레콤과 KT와 LG유플러스에 3억 5,000만 원씩 과징금을 물렸다. 이때 SK브로드밴드 허위·과장 광고 책임을 따로 묻지 않아 특혜 논란이 일었고. 제보자 Y1과 Y2가 방송통신위원회 몇몇의 "SK" 보살피기를 의심한 씨앗이었다. 12월엔 SK텔레콤과 KT와 LG유플러스에 5억 6,000만 원씩 과징금을 물렸고, SK브로드밴드에도 2억 8,000만 원을 내놓게 했다. 특혜 논란이 일었던 터라 SK브로드밴드를 또다시 빼놓을 수 없었을 것으로 읽혔다.

이런 흐름은 박○○과 최성준 발목에 채운 쇠사슬 구실을 했다. 방송통신위원회가 허위·과장 광고와 경품 위법행위 조사를 따로따로 2건씩 모두 4건을 벌였음에도 오로지 '2015년 3월 경품 위법행위'에만 과징금을 물리지 않은 꼴이 됐기 때문. 이를 두고 Y1과 Y2는 말할 것도 없고 새로운 제보자 Y3까지 비슷한 말을 했다. "2015년 5월, 12월에 과징금 10억 5,000만 원과 20억 6,000만 원으로 허위 과장 광고를 제재하면서 슬쩍 100억 원대 경품 과징금 처분을 눈가림해 덮으려던 건데 뉴스타파 보도로 산통 깨진 것"이라고. 관련 증거는 나오지 않았다. 박○○과 최성준 가슴속 깊은 곳에 있을 것이기에. 다만 2015년 3월 2일 시작해 무려 1년 9개월이 흐른 2016년 12월 6일에야 경품 위법행위 조사 결과를 방송통신위원회 의결 탁자에 올린 정황으로 미뤄 두 사람 생각이 조금 내비치긴 한 성싶다.

어떻든 그랬는데, 경품 조사 결과의 서슬이 어렴풋 살아 있던 2016년 2월. 권영수가 정부과천청사 2동 방송통신위원회 위원장실로 최성준을 만나러 갔다. 혼자서. 곧바로 입길에 올랐다. 최성준이 만나자 하지 않았고, 굳이 따로 만나야 할 일도 없었으니까. 나중에 LG유플러스 쪽에서 "대표이사 취임 인사 차 방문했다"고 밝혔지만 말 가난 자취가 뚜렷했다. 방송통신위원회 공무원에게도 익숙하지 않은 그림. 방송통신위원장이 마련한 유관 기업 간담회에 온 통신 쪽 사장들은 가끔 봤으되 '위원장실로 혼자 찾아온 LG유플러스 부회장'은 처음이니까.

권영수와 최성준이 같은 때 경기고등학교와 서울대학교를 다닌 친구 사이였기에 쉬 이뤄진 만남. 이른바 'K(경기고)S(서울대)' 줄을 함께 탄 1957년생들. 그날 권영수는 매우 자연스럽게 최성준과 나란한 어깨 높이를 박근혜 정부 방송통신위원회 공무원 여럿에게 내보였다.

적절했을까. 친구끼리 어디선들 따로 만나지 못할까마는 '방송통신위원장실'은 글쎄. 특히 2016년 2월이라면, 2015년 9월 경품 위법행위 사실조사에서 LG유플러스 위반율이 56.6퍼센트로 드러났을 때 아닌가. 2015년 1월부터 9월까지 경품 52만 1,034건을 곁들였는데 29만 4,905건이나 위법했으니, 누군가 그걸 덮어줄 생각이 없는 한 수십억 원짜리 과징금 처분을 받아들여야 할 것으로 보였다. 2015년 3월 경품 위법행위 조사에서—도중에 멈추긴 했지만—LG유플러스 위반율이 64.7퍼센트나 됐던 걸 아는 공무원도 여럿. 그런 시기에 권영수가 기운차게 방송통신위원장실로 친구 최성준을 찾아갔다. 이거 까마귀 날자 배 떨어진 그림 아닌가. 혹시 일부러 찾아가 배 떨어진 그림을 즐긴 건 아닐까. 박근혜 정부 방송통신위원회는 경품 위반행위 처분 건을 2016년 10월 12일 뉴스타파 첫 보도 뒤에야 비로소 만지작거렸다. 권영수가 방송통신위원장실을 다녀간 지 8개월이나 흐른 뒤였다.

오비이락

까마귀 날자 떨어진 배 하나 더. LG유플러스가 2016년 1월 1일부터 6월 30일까지 6개월 동안 법인체에만 팔아야 할 휴대폰을 소매로 넘겨 판 게 5만 3,516건이나 됐다. 법인에게 싸게 팔던 휴대폰을 그대로 소매 쪽에 넘긴 바람에 시장이 어지러워졌다. 방송통신위원회 단말기유통조사단이 2016년 2월부터 SK텔레콤·KT·LG유플러스 휴대폰 법인영업 실태를 살피기 시작한 즈음에 권영수가 방송통신위원회 단말기유통조사단 '윗사람 친구' 최성준을 찾아갔으니, 배 떨어진 느낌이 뚜렷하지 않은가.

방송통신위원회가 세 통신기업 휴대폰 법인영업 실태를 살펴니 LG유플러스 쪽 위반행위가 유달리 많았다. 5만 3,516건이나 됐으니까. 이 가운데 4만 5,592건은 법인영업 바탕인 '기업 사원증 구비 절차'조차 없이 휴대폰을 보통 소비자에게 판 것으로 드러났다. 휴대폰 대리점에서 새 고객을 늘릴 때마다 LG유플러스 법인영업부문에서 내주던 판매 장려금 35~55만 원도 법인이 아닌 보통 소비자 3,716명에게 건너갔다. 그 덕에 3,716명은 다른 소비자보다 평균 19만 2,000원씩 더 싸게 LG유플러스 이동전화 상품을 살 수 있었다. 2016년 1월부터 6월 사이에 다른 사업자로부터 LG유플러스로 옮겨간 이동전화 소비자가 82만 9,403명이었는데 법인영업 쪽 혜택을 누린 3,716명을 뺀 82만 5,687명을 차별한 셈. 같은 기간 동안 LG유플러스 법인영업 쪽 휴대폰을 쓰기 위해 새로 계약한 17만 1,605명으로 좁혀 따져도 3,716명을 뺀 16만 7,889명을 차별했다.

무겁게 책임져야 할 위법행위. LG유플러스는 과징금 18억 2,000만 원을 짊어졌고, 열흘 동안 새로운 법인 쪽 가입자를 모을 수 없었다. 이 처분은 이른바 '삼진 아웃'에 따른 것. 2014년 12월 4일 '아이폰 6' 관련 소비자 차별로 과징금 8억 원을 짊어져 스트라이크 하나. 2015년 9월 9일 휴대폰 다단계 판매에 얽힌 과징금 23억 7,200만 원으로 스트라이크 둘. 하여 '삼진 아웃'에 걸맞은 처분이 있을 것으로 보였지만 과징금 크기가 되레 줄었고, 법인 쪽 영업 정지 열흘도 실효가 없다는 평가가 나왔다.

이쯤에서 시곗바늘을 2016년 5월 31일로 되돌리자. 방송통신위원회가 2016년 2월 시작한 LG유플러스 법인영업 실태 점검에서 위법행위가 많이 드러나 현장 사실조사 준비가 무르익었을 때다. 권영수가 서울 사당동 한 음식점에서 방송통신위원회 단말기유통조사담당관을 만나 그날까지 이뤄진 조사 자료를 모두 내놓으라 했다. 조사를 멈추라는 뜻. 조사담당관이 거절하자 자신이 박근혜 정부에서 힘 좀 쓰던 정치인과 가까운 사이인 걸 내세우며 "너 하나 날리는 건 일도 아니"라고 겁박했다. 검찰 참고인 조사에서 확보된 진술(그리 말한 게 사실인지를 물었지만 권영수 쪽에선 아무 대답도 하지 않았다). 중앙행정기관 과장—단말기유통조사담당관—을 으른 권영수의 힘.

시곗바늘을 좀 더 뒤로 돌리자. 2016년 5월 31일로부터 두 주일 전쯤으로. 최성준이 방송통신위원장실로 단말기유통조사담당관을 따로 불렀다. 마주 앉아서는 믿기지 않는 말을 했다. "내가 LG유플러스 권영수와 일면식이 있는데, 내가 사업자(권영수)한테 전화할 테니까 일주일만 (현장 사실) 조사를 연기해주면 안 되겠느냐. 일주일만 연기해가지고 LG가 시정되면 좋은 거 아니겠느냐. 그때 조사해도 좋지 않겠느냐"고. 방송통신위원회 감사에서 확보된 진술이다.

최성준은 실제로 권영수에게 전화했다. 권영수도 최성준과 통화했다고 말했고. 까마귀 날 것 없이 배가 툭 떨어진 셈. 그 일로 최성준은 형법 123조 '직권남용' 혐의를 샀다. 공무 공정성을 깨뜨린 것으로 의심됐으니까. 국가공무원법 127조 '공무상 비밀─현장 사실조사 계획─누설' 혐의도 샀고. 검찰이 수사를 어찌 매조질지 자못 궁금하다.

150억

"이 기자님, 정말 박○○이가 그걸 다 했다고 생각하십니까? 걔 혼자서는 그렇게 못합니다."

"네에, 누가 도와줬는데요?"

정부 관계자는 박○○을 누가 도왔는지 끝내 말하지 않았지만 서로 눈치코치야 있었다. 이기주. 박근혜 정부 방송통신위원회 상임위원. 2014년 3월부터 2017년 3월까지 3년 임기를 다 채웠다.

2019년 3월 25일 서울 내수동 길가에서 치과에 가던 그에게 2015년 3월 방송통신상품 묶음판매 경품 위법행위 봐주기 여부를 물었더니 "(그해) 3월에 (방송통신위원회 사무처가 뭘) 어떻게 했는지 그 내용을 모른다. 기본적으로 조사 업무는 사무처가 하는 거고, 위원은 사무처에서 특정 사안에 대해 조사해서 나름대로 정리해 위원회에 올렸을 때부터 안건 검토 차원에서 하는 것일 뿐이다. 지금 (방송통신위원회) 무슨 과에서, 어디를 (대상으로) 뭘 하는지는 제가 알 필요도 없고, 궁금해할 일도 아니라고 생각한 다"고 말했다. 좀 길었으되 한마디로 모르겠다는 거. "저는 정통 부, 옛날 방통위, 신 방통위 때 국장이면 국장, 실장이면 실장, 위원이면 위원, 거기서 딱 정해진 범위 내에서 생각하고 일하는 것으로 직업 공무원에 대한 콘셉트가 명확했다"고 덧붙였다. 그쯤으로 그가 검찰 눈길을 돌려놓을 수 있을까.

2019년 1월 이기주가 검찰 수사선에 올랐다. 그달 16일 방송통신위원회를 압수수색한 서울동부지방검찰청 형사 6부(부장 주진우) 조사관 여럿이 이기주가 차린 행정사사무소에도 갔다. 방송통신위원회 전 이용자정책총괄과장 김3과 고위 공무원 박○○과 방송통신위원장 최성준의 2015~16년 통신기업 과징금 봐주기 혐의에 얽힌 의혹을 샀기 때문.

특히 박○○이 주요 통신기업에게 가칭 '인터넷문화재단' 설립 자금 출연을 요구했다는 의혹에 이기주가 얽혔는지도 검찰수사 대상인 것으로 확인됐다. 뉴스타파는 2017년 4월 12일 자 기사 「'진격의 통신 관료'… 시장과 행정을 틀어쥐다」로 박○○의 인터넷문화재단 설립 자금 출연 요구가 SK텔레콤·KT·LG유플러스·네이버·다음카카오·SK커뮤니케이션즈에 닿았음을 알렸는데, 이기주가 뒷배였는지에 눈길이 쏠렸다. 검찰 수사 초점도 마찬가지. 박○○의 인터넷문화재단 출연 요구 출발점이 방송통신위원회 상임위원 임기를 끝낸 이기주가 갈 자리를 미리 마련하려는 작업이었는지를 살폈다. 이기주는 이 또한 모르는 일이라 했다. 2015년과 2016년 사이 박○○으로부터 인터넷 문화재단 설립 관련 보고를 받거나 논의한 적이 "없다"는 것.

이기주는 2016년 10월 12일부터 뉴스타파가 잇따라 보도한 '2015년 3월 통신기업 100억 원대 과징금 봐주기' 사건을 두고 "내용에 대해 보고받은 적도 없고 아는 바도 전혀 없다"고 말해왔다. 2015년 3월과 그해 9월 방송통신상품 묶음판매 경품 위법행위 사실조사가 서로 '별개'였던 게 봐주기를 밝힐 열쇠 가운데 하나였는데, 그는 이를 두고도 "(9월 조사가) 3월 조사와 연계인지 별개인지에 대해 전혀 아는 바가 없다"고 2019년 1월에도 거듭 밝혔다. 2015년 3월 사실조사가 이뤄진 것 자체를 몰랐다고 말하기도 했고.

사실일까. 그가 LG유플러스를 비롯한 네 통신기업 경품 위법행위 사실조사 정황을 알고 있었을 개연성을 엿보게 하는 발언이 뒤늦게 확인됐다. 2015년 8월 6일 방송통신위원회 보고 안건으로 올라간 '방송통신 결합상품 제도 개선안'을 두고 박○○이 "결합판매 금지행위 위반 여부 등에 대한 사실조사는 금월(8월) 이후로 즉각 실시하도록 하겠다"고 말하자 이기주가 "즉각" 할 것을 주문한 것. 이는 전기통신사업법 시행령 별표 4 '금지행위 유형 및 기준'의 5호 바목 '결합판매로 이용자 이익을 해친 행위'를 바탕으로 하는 경품 관련 사실조사를 곧바로 시작하라는 뜻으로 읽혔다. 그 무렵 박○○이 방송통신위원회 실무진으로 하여금 2015년 3월에 시작한 방송통신상품 묶음판매 경품 위법행위 사실조사를 멈추게 한 뒤 그해 9월부터 조사를 따로 하도록 지시한 게 감사로 드러났다. 2015년 3월 사실조사에 따른 후속 처분 작업인 '과징금 부과 안건의 위원회 상정'을 하지 않은 채였다.

이런 흐름은 2014년 10월 국회 국정 감사에서 방송통신상품 묶음판매의 시장 교란 행위가 지적된 뒤 꾸준히 이어진 터라 이기주가 경품 위법행위 사실조사 여부를 알고 있었을 개연성을 높인다. 특히 2015년 5월 28일 방통위가 '방송통신 결합상품 허위·과장 광고 관련 이용자 이익 저해행위 시정조치'를 의결할 때 박○○이 "이번에는 허위 과장 광고에 대한 조사 제재가 이뤄집니다만 (2015년) 하반기 이후에는 (지나친 경품 같은) 다른 유형의 금지행위에 대해서도 철저히 조사 제재할 계획"이라고 보고한 뒤이기도 했다. 그날 이기주는 "앞으로 시장 조사를 한다면 (전기통신사업법) 시행령 별표 중 이번 사건에 적용한 5호 바목뿐만 아니라 다른 금지행위 위반 여부도 같이 들여다봐야 하는데 그중에 대표적인 것이 4호에 나오는 '이용요금 등을 부당하게 산정하는 행위'를 했는지도 중점적으로 봐야 할 것"이라고 주문했다. 그가 방송통신상품 묶음판매 위법행위 사실조사 흐름과 규제 기준을 자세히 알고 있던 데 따른 주문으로 보였다. 이기주는 이와 관련해 "2015년 8월 6일 위원회 회의 때 박 국장이 '사실조사는 금월 이후로 즉각 실시하겠다'고 해서 '금월 이후'라는 말과 '즉각'이란 말뜻이 분명치 않아 단순히 그 말이 무슨 뜻인지를 질의한 것"일 뿐이라고 주장했다. 검찰이 이런 앞뒤 사정과 흐름에 따른 이기주의 통신기업 과징금 봐주기 사건 개입 여부를 밝혀낼 수 있을까.

이기주는 1981년 행정고등고시 25회로 공직에 발을 들였다. 옛 체신부와 정보통신부에서 홍보관리관과 전파방송기획단장과 통신전파방송정책본부장 들을 맡아 잔뼈가 굵은 그는 2008년 이명박 정부 방송통신위원회 이용자네트워크국—통신기업 과징금 사달이 난 이용자정책국 앞의 것—첫 국장이 됐다. 여러 업무와 자리에서 박○○의 행정고등고시 선배였고, 2009년 6월 이명박 정부 방송통신위원회 1급 고위 공무원 자리인 기획조정실장이 된 뒤 1년여 만에 법률사무소 김앤장 고문으로 자리를 옮겼다. 2012년 한국인터넷진흥원장이 됐고, 2014년 3월 대통령 박근혜의 지명으로 방송통신위원회 상임위원이 돼 3년을 지냈다. 이런 경력에 힘입어 인사 행정과 일을 총괄하는 차관이 따로 없는 박근혜 정부 방송통신위원회에서 행정고등고시 출신 공무원의 꼭짓점이 됐다. 검찰이 그 구실에 눈길을 둔 까닭일 터다.

2016년 6월 10일 안건 의결을 마친 방송통신위원회 심판정이 소란스러웠다. 기타 논의할 거리로 탁자에 올린 'LG유플러스의 법인영업 사실조사 거부·방해 행위'를 두고 상임위원들이 서로 세차게 부딪쳤기 때문. 믿기지 않지만 LG유플러스는 그해 6월 1일―권영수가 방송통신위원회 단말기유통조사담당관을 만난 이튿날―현장 사실조사를 나온 방송통신위원회 조사관들을 받아들이지 않았다. 하여 방송통신위원회 부위원장 김재홍이 "긴급성이 있어 긴급 간담회를 하자고 했고, 이기주 상임위원이 참석했으면 거기에서 모아진 의견이 달라졌을 수도 있습니다. 거기에서 끝까지 반대하고, LG유플러스의 사실조사에 대해서 반대했다고 들었는데, 거기에 나와서 '나는 반대한 근거가 무엇'이라고 설명했으면 의견이 모아지고 달라질 수 있었을 것"이라고 말했다. '당신 혹시 LG유플러스 뒷배인 거야?' 하고 물어본 것이나 매한가지. 이기주는 이에 "(관련 내용을) 사무처로부터 보고받은 적도 없고 의견을 이야기한 적도 없다"며 "제가 LG유플러스에 대한 사실조사를 반대했다는 그 말씀 끝까지 책임지라"고 요구했다.

검찰 수사에서 어느 쪽 말이 거짓으로 드러날까. 이기주는 2019년 3월 25일 서울 내수동 길가에서 만난 내게 "(서울동부지검의 출석 요구와 조사 여부 등) 검찰과 관련된 얘기는 제가 드릴 얘기가 아니"라며 피해갔다. 피할 수 있는 일일까. 나는 때때로 이기주처럼 "보고받은 적 없고 아는 바 전혀 없다"는 벽 앞에서 할 말을 잃고는 했다. 뭘 더 어찌 두드려야 할지 모를 듯해서. 내가 기함한 탓인지 화난 것인지 제대로 짚지도 못한 채. 웃어야 했다.

150억 원. 검찰이 셈한 2015년 3월 방송통신상품 묶음판매 경품 위법행위에 따른 네 통신기업 과징금 크기. LG유플러스·SK브로드밴드·SK텔레콤·KT로부터 거둬들여 국고에 보태야 할 돈. "이건 국고 손실 사건이죠. 검찰도 그렇게 보고 있다"는 귀띔이 들려왔다. 방송통신위원회도 감사 결과 가운데 하나로 이용자정책국으로 하여금 2015년 "3월 조사 처리 방안(을) 강구"하라 했다. 네 통신기업에게 과징금 150억 원을 물려야 하지 않을까. 그럴 수 없다면 누군가 150억 원어치 책임을 져야 하겠고.

검찰은 범죄 혐의자와 통신기업 관계자 사이에 뇌물이 오갔는지에도 눈길을 둔 것으로 들렸다. 애초 제보에서 "게임" 얘기가 들렸듯 아무런 대가 없이 150억 원이나 되는 과징금을 봐주는 건 아무래도 쉽지 않은 일이니까. 삶이 송두리째 흔들릴 수 있을 만큼 큰일을 벌인 셈이니 검찰 조사도 무거워야 할 것으로 보였다.

2018년 3월 8일 문재인 정부 방송통신위원회가 검찰에 김3과 박○○과 최성준을 수사해달라고 요청한 뒤로 1년 7개월이 지났지만 여전히 감감. 한국 검찰이 오랫동안 이날 저 날 미루는 건 뭐랄까, 꺼림칙하다. 혹시나 그거. "KS" 줄 때문인가. 한국 법조에서 오랫동안 으뜸으로 친 경기고등학교와 서울대학교 법학과로 이어진 무리. 법원과 검찰에서 발길에 채되 단단히 뭉친 한동아리. 최성준이 KS 전관이어서 예우하는가. 설마. 그가 두렵나. 서울대학교 법학과 출신 9대 대법원장 김용철의 사위여서. 서울대학교 법학과를 차석 졸업한 뒤 사법연수원 14기를 수석 수료했다는 법무법인 양헌 대표 변호사 최경준의 형이어서. 끝까지 내내 지켜볼 일이다.

8장

반쪽거나 흩무원, 아니면 로버스트

이해충돌

박 아무개 씨의 이동전화 '한시적 번호이동처분 취소 청구'를 두고 2011년 5월부터 2012년 11월까지 1년 6개월 동안 피고 방송통신위원회와 함께했던 변호사가 2013년 5월 다른 사건의 원고 열심히커뮤니케이션즈 쪽 대리인이 돼 나타났다. 그가 속한 법무법인이 2012년 7월에 맡은 소송이었다. 2011년 7월부터 2018년 4월까지 이어진 '이동통신요금원가 정보공개거부처분 취소 청구'의 피고 방송통신위원회를 보조하려고 소송에 참가한 SK텔레콤 쪽을 대리하는 채였다. 사건 셋 가운데 둘은 방송통신위원회 쪽, 나머지 하나엔 반대쪽에 선 것. 2015년 6월엔 아예 SK텔레콤이 일으킨 이동전화 선불폰 '시정조치 등 취소 청구'의 대리인이 돼 피고 방송통신위원회를 몰아붙였다.

법무법인 광장 변호사 H가 방송통신위원회에 남긴 발자취다. 방송통신위원회가 생긴 2008년 3월부터 2019년 5월까지 11년 동안 일어난 이용자정책 관련 소송 23건 가운데 5건에 광장이 얽혔다. 이 중 4건에 H가 참여해 이해충돌 의혹을 샀다. 또 다른 광장 변호사 I도 사건 셋에 함께해 방송통신위원회 이편저편을 오가며 대리했다. 두 변호사는 방송통신위원회 안 법령 자문 위원과 고문 변호사로도 활동해 의혹을 더욱 키웠다. 특히 I는

2015년 6월 방송통신위원회 고문 변호사인 채로 선불폰 행정소송 원고인 SK텔레콤을 대리한 것으로 드러났다.

'2019년 방송통신위원회 개인정보 법령 자문위원 명단' 속 변호사는 열여섯. 모두 법무법인이거나 법률사무소 소속이었는데 광장이 넷으로 가장 많았다. H와 I가 들어 있는 건 말할 것도 없고. 뒤를 이어 태평양과 세종 셋씩, 김앤장·율촌·인·민후·이공·나눔이 한 명씩이었다. 김앤장 변호사와 태평양·세종도 이용자정책 관련 소송에서 방송통신위원회 안팎을 오가며 대리한 것으로 확인됐다.

변호사법과 윤리장전에 따라 변호사는 이해관계가 서로 맞부딪칠 때엔 사건을 맡지 말아야 한다. 맡았던 일이 끝나 얼마간 시간이 흘렀더라도 관계가 대립하는 당사자로부터 사건을 수임할 수 없다는 게 대한변호사협회 윤리팀 설명이다. 허윤 변호사협회 수석대변인도 "(이해충돌 관련) 내용이 공유됐는지 사안마다 정확하게 따져봐야 하고, 의뢰인에게 양해를 구했다면 위법성 조각 사유여서 처벌받지 않게 되지만 '윤리적으로' 맡으면 안 되는 경우가 있다"고 말했다.

큰 법무법인—로펌—변호사들은 이해충돌을 막기 위해 회사 안에 "차이니스 월"이 서 있다 했다. 만리장성. 서로 무슨 일을 맡아 하고 있는지 알기 어렵고, 알게 되더라도 장벽을 넘나들지 않는다는 것. 하지만 여러 변호사에게 좀 더 물어보니 그 장벽이란 게 쉬 허물어질 개연성이 커 보였다. 간단하고 짤막한 말마디만으로 이해충돌을 피해갈 수 있을 만큼 방송통신위원회 쪽 자문·대리 만리장성엔 틈새가 많고 넓게 벌어진 듯싶었다.

빈 밥그릇 소송

"식당 주인이 '아, 저기 (손님) 밥이 다 떨어졌네' 해서 알아서 밥을 더 주는" 것이다. "아닙니다. 밥 다 먹고, 계산하고 나가려는데 그때(서야) 밥을 내놓은 겁니다."

2015년 5월 13일 오후 정부과천청사 방송통신위원회 심판정에서 빈 밥그릇을 두고 입씨름이 벌어졌다. 법무법인 광장 변호사 H가 식당 주인이 밥을 덤으로 채워준 흐름을 말하자 박근혜 정부 방송통신위원장 최성준이 그렇지 않다고 되받아친 것.

빈 밥그릇은 미리 치른 돈이 다 떨어진 선불폰을 뜻했다. 돈을 다시 채우지 않으면 휴대폰을 더 쓸 수 없는데 그 상태로 90일이 지나면 자동으로 계약이 깨졌다. 한국에 잠깐 들어왔다 나가거나 한동안 머무르는 외국인이 많이 쓴 상품이다. 식당 주인은 SK텔레콤. 2010년 1월부터 2014년 8월까지 4년 7개월 동안 빈 밥그릇 상태인 선불폰 15만 5,346대를 좀 더 쓸 수 있게

1만 원씩 86만 8,247회나 충전해줬다. 선불폰 하나에 1회에서 4회를 충전해준 게 보통이었고, 6회에서 11회를 채워준 적도 많았다. 무려 31회나 충전된 선불폰까지 있었고. 한데 빈 선불폰을 충전해준 사실을 달랑 문자메시지로 알리고 말았던 데다 한국을 떠난 사람도 많아 혜택을 누가 얼마나 누렸는지 제대로 파악되지 않았다. 선불폰 이용자가 공짜로 충전해달라고 요구한 적도 없었고. 방송통신위원회는 이를 시장점유율을 유지하려고 꾀한 "부활충전" 행위로 봤고, SK텔레콤과 법무법인 광장은 판촉 영업에 따른 "추가충전"이라고 주장했다.

그날 방송통신위원회는 SK텔레콤에게 과징금 35억 6,000만 원을 물렸다. 부활충전뿐만 아니라 한국을 떠났거나 사망한 사람 이름까지 몰래 써가며 선불폰 11만 3,676대를 열었고, 아예 태어난 적 없는 외국인 이름으로 가입신청서 6,948건을 허투루 꾸몄으며, 이용약관에 미리 정해둔 법인 선불폰보다 34만 6,368대나 더 개통한 책임을 함께 물었다. 반발한 SK텔레콤이 2015년 6월 25일 서울행정법원에 시정조치를 취소해달라고 청구하며 H와 I를 비롯한 광장 변호사 다섯에게 사건을 맡겼다.

"말씀하신 부분에 대해서 제가 한 말씀만 드리면, 제가 개인 정보 쪽 일을 많이 하는 변호사 중의 하나입니다."

변호사 H가 방송통신위원회 심판정에서 빈 밥그릇에 빗댄 선불폰을 설명하기 전에 자신을 소개한 말. 실제로 그는 방송통신위원회 (인터넷에서) 잊힐 권리 연구반, 정보통신망법 개선 테스크포스(TF) 실무단, 정보통신망 법령해석 자문위원으로 활동했다. 2019년 개인정보 법령 자문위원 명단에도 이름을 올렸고. 개인정보 보호에 곁점을 찍는 국가 규제 기관을 돕기 위해 활발히 움직이던 그가 방송통신위원회를 상대로 한 소송을 맡는 짜임새라면 이해관계가 맞설 개연성이 있다.

H는 이런 지적에 "열심히커뮤니케이션즈 사건 항소심이 2013년 6월 21일(접수일은 5월 29일) 제기됐고, 한시적 번호이동 건은 2012년 11월 29일 판결 선고로 마무리돼 기간적으로 겹치는 부분이 없다"고 말했다. 사건을 대리한 기간이 겹치지 않아 이해충돌이 아니라는 주장에 보탠 말이었다. 그는 특히 "변호사로서 정도를 걷고, 이해상충 관련 규정을 철저하게 지킨다"며 "열심히커뮤니케이션즈 건도 (방송통신위원회 쪽에) 양해를 구한 것으로 알고 대리했다"고 덧붙였다. SK텔레콤 선불폰 행정소송을 대리한 것을 두고는 따로 답변을 내놓지 않은 채 "(의뢰인이나 상대방) 비밀 정보를 가지고 소송을 한다거나 하면 안 되죠"라며 자신은 "이해상충 금도를 넘지 않는다"고 주장했다.

몇몇 사건을 H와 함께 맡았던 I는 방송통신위원회를 상대로 소송을 대리할 때 "예의 차원의 양해를 구한 것 같기는 한데 워낙 오래전 일이라 기억이 나지 않는다"고 전해왔다. 이해충돌을 피하는 조건 가운데 하나인 '종전 의뢰인 양해'를 구하긴 했으되 누구에게 어떻게 이해해달라고 했는지는 뚜렷이 짚지 못했다. 2015년 6월 방송통신위원회 고문 변호사인 채로 선불폰 행정소송 상대방인 SK텔레콤을 대리했을 때 방송통신위원회 쪽 양해를 구했는지를 묻는 질문엔 따로 대답하지 않았다.

한 방송통신 정책 전문가는 "(정보통신 쪽 행정기관 자문과 소송을 도맡는 변호사가) 비일비재하다"며 "공무원 출신 변호사가 로펌에 한두 명씩 있고, (법령 자문과 소송뿐만 아니라) 정책 용역에까지 참여해 문제"라고 짚었다. "비일비재"했지만 제대로 짚어 꾸짖은 적이 없었기 때문일까. 법조 이해충돌 의혹이 만연하다.

동에 번쩍 서에 번쩍

2015년 서울행정법원 선불폰 부활충전 다툼에서 원고 SK텔레콤이 졌다. SK텔레콤은 대리인 바통을 광장에서 김앤장 변호사들로 넘겨 2016년 1월 서울고등법원에 항소했고, 그해 10월 대법원에 상고도 했다. 하지만 항소와 상고 모두 기각. 방송통신위원회가 1·2·3심을 다 이겼다. 시장점유율을 지키려고 빈 밥그릇이나 마찬가지가 된 선불폰에 돈을 억지로 채워준 것으로 보고 과징금을 물린 방송통신위원회 판단이 옳았을 개연성이 크다는 얘기.

　김앤장 변호사들은 선불폰 부활충전 다툼을 대리하기 전인 2011년 12월 피고 방송통신위원회를 위해 집행정지 관련 소송 두 건을 맡았다. 'KT PCS―2세대 이동전화―사업 폐지승인 취소 청구'를 막아내려고 방송통신위원회 쪽 보조 참가 대리인으로 나섰던 것. 선불폰 다툼 뒤로는 2016년 1월 SK텔레콤, 2018년 5월 페이스북 쪽 대리를 맡아 방송통신위원회와 맞섰다. 한때 피고 방송통신위원회 쪽에 섰던 기억을 뒤로한 채 다른 사건의 원고 대리인으로 돌아와 맞선 흐름이다. 특히 김앤장 변호사 J가 2011년 12월 'KT PCS 사업 폐지승인 취소 청구'에서 방송통신위원회 쪽에 섰다가 2018년 5월 '페이스북 시정명령 취소 청구' 때엔 방송통신위원회 반대편을 대리한 것으로 확인됐다. J는 자문 활동을 주로 하는 팀원임에도 소송에 이름을 보탰다.

　김앤장 관계자는 "(J가) KT 업무를 담당했기 때문에 소송을 도와준 차원"이라며 "(자문과 소송 업무 범위를) 획일적으로 정하기는 어렵고 그때그때 송무 건에 연결 고리가 필요할 때 한 번씩 (자문 변호사를) 넣기도 한다"고 말했다. 그는 다만 "김앤장은 상대적으로 다른 로펌에 비하면 자문과 소송 업무 구분이 뚜렷한 편"이라고 덧붙였다. 글쎄, 그럴까. 그때그때 필요한 소송을 돕도록 송무 쪽에 한두 번 넣어준 자문 변호사가 한 일이 다른 법무법인보다는 뚜렷이 자문에 가까운 걸로 나뉘었을까. 갸우뚱.

그걸 대체 누가 어찌 나눌 수 있을까. 도무지 모를 일이다.

한 방송통신 전문 변호사는 이를 두고 "김앤장이 법률 자문과 송무를 분리해둔 데다 (법무법인체가 아닌) 변호사별 사무소 구조여서 (이해충돌과 관련해서는) 법적으로 문제가 안 될 수 있다"고 짚었다. 김앤장 짜임새가 "법적으로 문제가 안 될 수" 있긴 한 모양인데 그걸 그대로 잘 알아서 받아들일 시민은 몇이나 될까.

2008년 3월부터 2019년 5월까지 11년 동안 법무법인 태평양도 방송통신위원회 이용자정책 관련 소송을 7회 맡아 했다. 피고 방송통신위원회를 보조한 KT를 위해 4회, 피고 방송통신위원회를 위해 1회, 방송통신위원회와 맞선 인터파크·LG유플러스를 위해 2회였다. 방송통신위원회 이편저편을 오간 것. 특히 2012년 7월 피고 방송통신위원회를 위해 원고 열심히커뮤니케이션즈 쪽 대리인이 된 광장과 맞선 게 이채로웠다.

열심히커뮤니케이션즈는 2008년부터 2012년까지 인터넷 판촉 팝업창을 이용해 2,630만여 소비자의 이름·주민번호·전화번호 따위를 모았다. 이 가운데 1,340만여 개인 정보를 보험회사에 내줬고. 소비자 동의를 제대로 받지 않아 법에 어긋났다. 열네 살이 안 된 20만여 어린이 정보를 모았음에도 법정대리인 동의를 받지 않은 게 드러나기도 해 방송통신위원회가 책임을 물었다. 과징금 2억 300만 원과 과태료 1,500만 원. 동의 없이 모은 개인정보를 없애거나 따로 동의를 받으라는 시정명령과 함께였다.

2012년 7월 열심히커뮤니케이션즈가 '시정조치 등 취소'를 바라는 행정소송을 광장에 맡겼다. 광장 변호사 다섯이 원고 대리인으로 나섰고. 피고 방송통신위원회 쪽 대리인은 태평양. K를 비롯한 변호사 다섯이 대리했다. 1심 결과는 원고 일부 승. 서울행정법원이 "방송통신위원회가 과징금 부과 근거를 밝히지 않은 것은 위법하다"고 본 바람에 과징금 처분이 취소됐다. 과징금 부과 절차에 문제가 있는 것으로 풀이됐다.

열심히커뮤니케이션즈는 과징금 취소에 만족하지 않고 서울고등법원에 항소했다. 다른 시정조치와 시정명령을 받은 사실 공표 조치까지 모두 취소해달라고 요구한 것. 이때 광장 쪽 변호사가 여덟로 늘어나며 개인정보보호 전문 변호사라던 H가 대리인으로 합류했다. 하지만 항소는 기각. 방송통신위원회는 2014년 1월 9일 항소심 결과에 따라 그달 28일 애초 과징금 2억 300만 원을 취소한 뒤 1억 600만 원을 다시 물렸다. 결국 소송은 대법원으로 이어져 4년 만인 2016년 6월에야 끝났다. 상고도 기각. 방송통신위원회와 태평양이 함께 웃었다.

태평양 변호사 K는 베테랑. 1995년 태평양에 들어갔고, 2011년 11월부터 2013년 5월까지 'KT PCS 사업 폐지승인 취소 청구' 4건에서 피고 방송통신위원회를 위한 보조 참가 대리인으로 움직였다. 관련 집행정지 신청 2건을 포함하면 6건이다. 열심히

239

커뮤니케이션즈 청구를 방어한 것까지 모두 7건에 걸쳐 방송통신위원회 쪽에 섰다. 2013년 1월 1일부터 2016년 12월 31일까지 방송통신위원회 고문 변호사이기도 했다. 한데 2017년 12월 LG유플러스가 과징금 처분을 비롯한 시정명령을 취소해달라며 일으킨 행정소송의 항소 대리인이 돼 나타났다. 2019년 2월 방송통신위원회가 접수한 상고 사건에도 K는 LG유플러스 쪽 대리인으로 이름을 올렸다.

그는 "(태평양이) 법인이어서 여러 명이 (소송 대리인으로) 이름이 올라가긴 하는데 제가 주로 자문 사건을 (맡아) 해서 소송에는 출석하는 경우가 별로 없다"며 LG유플러스 사건 대리 여부를 "잘 모르겠다. 기록을 뒤져봐야 할 것 같다"고 말했다. 소송을 대리하기도 하는데 재판에 "출석하는 경우가 별로 없다"면 괜찮다는 얘긴가. 갸우뚱. 방송통신위원회 안팎에서 소송을 대리한 것을 두고는 "같은 사건이나 시기만 아니면 항상 일어나는 일로 이해충돌에 관해 검토를 할 사안이 아닌 걸로 보인다"고 주장했다.

태평양의 정보통신 쪽 자문·대리 흐름을 잘 아는 한 변호사는 그러나 "(이해충돌 관련) 사안에 대해 방통위가 (태평양에게) 기분 나빠 했다는 말을 많이 들었다"며 "그것 때문에 태평양 변호사들이 힘들어한 것으로 안다"고 말했다. 이해충돌 개연성이 있었음에도 방송통신위원회 쪽 양해가 제대로 이뤄지지 않았다는 얘기로 들렸다.

사라진 법 양심

"실무진이 절차적으로 간과한 데 대해서 두 번이나 재판을 패소하는, 비용도 만만치 않은데, 실무진이 소송에서 지는 일이 없도록 철저히 해주기 바랍니다."

2014년 1월 28일 방송통신위원회가 열심히커뮤니케이션즈에게 과징금을 다시 물릴 때 방송통신위원장이던 이경재가 한 말. '소송비용 중 80퍼센트는 원고가, 나머지는 피고가 각 부담한다'는 1심 주문에 따라 착수금과 성공 보수로 484만 원이 들었기 때문. 절차를 제대로 갖추지 못해 과징금 부과 처분이 취소된 게 처음이어서 방통위 안팎 눈과 귀가 쏠린 소송이었다. 2억 300만 원이던 과징금이 1억 600만 원으로 줄어든 나머지 방통위를 상대로 한 소송이 잦아진 계기이기도 했다.

이런 흐름을 타고 정보통신 쪽 자문·대리 시장에 발을 들인 법무법인이 늘었다. 2016년 9월 세종이 방송정보통신팀을 따로 꾸렸고, 2018년 12월 양헌이 한국정보통신의 '과징금 납부 명령 취소 청구'를 맡아 얼굴을 내민 것. 이 사건의 피고 방송통신위원회 쪽 대리인으로 세종이 나섰고, 공교롭게도 박근혜 정부 방송통신위원장 최성준의 친동생 최경준이 원고 대리인으로 맞서 눈길을 끌었다. 앞서 짚은 서울대학교 법학과를 나온 판사 출신 형제 변호사들이다(최성준 또한 방송통신위원회 위원장 임기를 마친 뒤 법무법인 양헌 대표 변호사가 됐다).

특히 세종은 이해충돌 의혹을 샀다. 한국정보통신의 과징금 취소 청구를 방어하기 7개월 전인 2018년 5월 방송통신위원회를 상대로 한 이스트소프트의 '시정조치 취소 청구' 소송을 맡았기 때문. 세종 방송정보통신팀 소속 변호사 L이 원고 이스트소프트 쪽을 대리하는 채로 한국정보통신 청구 사건의 피고 방송통신위원회 1심 방어를 함께한 것으로 확인됐다.

세종 관계자는 "방통위가 양해해줘야 (소송을 맡아) 하는데, (세종이 앞서 이스트소프트를 대리했던 걸 방송통신위원회가) 알고 있었음에도 불구하고 (한국정보통신 관련 소송을 세종에게) 맡긴 걸로 안다"고 말했다. 방송통신위원회 이용자보호과 담당 사무관은 그러나 세종의 알림을 들은 적이 없다고 밝혔다. 이용자보호과장 천지현도 "(법률 대리인 선정 실무를) 담당이 했지, 내가 한 게 아니라 (세종의 이해충돌 고지 여부를) 모르겠다"고 말했다. 이스트소프트 시정조치 건을 맡았던 방송통신위원회 개인정보침해조사과 담당 사무관도 세종이 따로 양해를 구하거나 관련 내용을 알려온 적이 없다고 밝혔다. 두 과가 같은 국 소속이지만 다른 과에서 일어난 소송 속 대리인 실체를 공유하지 않기 때문으로 보였다.

방송통신위원회 행정법무담당관실에도 실국 소송 대리인의 이해충돌 여부를 확인하거나 관리하는 체계가 없는 것으로 확인됐다. "각 과에서 적당한 대리인을 선임하고 비용까지 협상해서 넘겨주면 저희는 형식적으로 계약만 해주는 상황"이기 때문에 "대리인 이해충돌 여부를 알 수 없다"는 게 행정법무담당관실 쪽 설명. 방송통신위원회 안팎 법률 대리인 이해충돌 의혹이 잦을 수밖에 없는 짜임새로 읽혔다.

방송통신위원회 행정법무담당관 성종원은 앞으로 "이해상충 문제를 확인할 수 있도록 실국에 안내하고, (법률 위임) 계약서에 관련 문구를 반영해 개선 보완해 나갈 것"이라고 밝혔다. "일차적으로 이해상충 여부는 법무법인에 (확인 책임이) 있지만 저희도 좀 더 명확하게 하기 위해 보완하겠다는 취지"라고 덧붙였다.

이스트소프트 홍보팀장 김진욱은 세종이 방송통신위원회 쪽 송무를 맡은 것을 두고 "공식적으로 승인을 받거나 한 건 아니고, (이스트소프트) 법무 담당자에게 간략하게나마 공유된 걸로 확인됐다"고 알려왔다. 방송통신위원회 쪽 "분과가 달라서 겹치는 부분은 없는 것으로 (법무 담당자가) 알고 있다"고 덧붙였다.

짧막한 말 한두 마디로 이해충돌 책임을 벗었다는 얘기. 변호사법과 윤리장전 테두리는 그런 듯싶은데, 피 같은 세금 모아 방송통신위원회를 밀어주는 시민도 너그러이 봐줄까. 한 베테랑 변호사 말이 귓전을 떠나지 않는다. "자문은 포괄적이고 사건은 특정돼 있죠. 자문을 하고 있다는 것은 포괄적이어서 (자문해주는 곳의) 모든 걸 알고 있다는 거예요. 직원과 같은 입장이죠. 고문도 마찬가지이고요." 아무래도 몇몇 변호사는 방송통신위원회 직원처럼 거의 모든 일을 알고 있었음에도 건너편 소송까지 맡아 한 듯싶다. 진정 양심에 거리낄 게 없는 건가.

법비(法匪). 표준국어대사전에 오르지는 않았지만 가끔 들리는 말. 법을 나쁘게 써 돈 따위를 챙기는 도둑을 가리킬 때 쓰인다. 양심에 거리낄 게 없고 시민과 공익에 이바지할 참된 '법조'를 나는 기다린다. 학처럼 목 길게 뺀 지 오래다.

특수관계

김성수. 친일반민족행위자. 일제강점기 조선 총독부 기관지 매일신보 따위에 한반도를 짓이긴 징병제를 찬양하는 글을 썼다. 한국 학생에게 일본 군대에 들어가라고 부추겼고. 2005년 노무현 정부 때 생긴 대통령 소속 기관 친일반민족행위진상규명위원회가 그리 밝혀냈다. 2017년 4월 13일 대법원이 친일반민족행위진상규명위원회 판단에 "위법이 없다"고 매조졌고. 김성수가 친일반민족행위자인 게 맞다는 뜻.

동아일보. 김성수가 1920년 4월 1일에 만든 일간신문. 고려중앙학원. 김성수가 1932년 3월 보성전문학교—지금은 고려대학교—를 사들여 모습을 갖춘 학교법인. 채널A. 2011년 12월 1일 방송을 시작한 동아일보 계열 종합편성방송채널사용사업자.

2012년 5월 24일 김성수 증손자 김재호가 고려중앙학원 16대 이사장이 됐다. 그때 김재호는 동아일보 사장이었고, 동아일보는 채널A 주식 2,390만 주를 가져 지분율이 29.32퍼센트였다. 김재호와 김재호 동생 김재열과 동아일보 몇몇 간부도 채널A 주식 54만 4,760주를 가져 지분율 0.67퍼센트. 두 지분을 더하면 29.99퍼센트. 같은 때 고려중앙학원도 채널A 주식 50만 주를 가져 지분율이 0.61퍼센트였다. 이것까지 더하면 30.60퍼센트. 동아일보와 김재호·김재열을 비롯한 몇몇 간부와 고려중앙학원이 가진 채널A 지분이 그랬다.

2017년 8월 31일 방송통신위원회가 동아일보에게 시정명령을 냈다. "고려중앙학원이 동아일보의 특수관계자에 해당"하니 "시정명령을 받은 날로부터 6개월 이내에 (특수관계자를 포함해) 동아일보가 소유한 채널A 주식을 전체 주식 총수의 100분의 30 이하로 유지하라"고. 고려중앙학원 지분 0.61퍼센트 때문에 30.6퍼센트가 됐으니 그만큼 내리라는 얘기. 일간신문을 경영하는 법인은 종합편성방송채널사용사업자 주식 총수의 30퍼센트를 넘겨 가질 수 없게 한 방송법 8조 3항에 따른 시정명령이었다. 특수관계자 지분까지 품은 규제였고.

동아일보가 따르지 않았다. 시정명령 3개월 만인 2017년 11월 30일 행정소송을 일으킨 것. 방송법 시행령 3조 4항 1호에 따라 "김재호가 혼자 또는 다른 자와의 계약이나 합의에 의해 고려중앙학원 이사 과반을 마음대로 선임할 수 있는 위치에 있지 않아" 고려중앙학원을 동아일보의 특수관계자로 볼 수 없다고 주장했다.

방송통신위원회 생각은 달랐다. "김재호가 고려중앙학원 주요 경영 사항에 사실상 영향력을 행사"하니 특수관계자라고 본 것. 고려중앙학원 이사회 구성원이 김재호와 김재호를 이사장으로 뽑을 때 찬성한 자와 고려대학교 총장이거나 교수인 것에 눈길을 뒀다. 시정명령을 건넬 때 고려중앙학원 이사 가운데 김재호의 7촌 혈족과 고려대학교 교우회장과 고려대학교 총장과 동아일보 편집국 부국장이 섞여 있던 점에 곁점을 찍었고. 모두 김재호와 가까운 사람으로 보였을 테니까.

김재호의 아버지와 할아버지와 증조할아버지가 고려중앙학원 이사장이거나 주무이사였던 점도 짚었다. 이사회 짜임새와 역대 이사장 흐름에 비춰 동아일보의 특수관계자로 봐야 한다는 것. 방송통신위원회 주장처럼 김재호의 증조할아버지 김성수는 1929년 2월 19일부터 1955년 2월 18일까지 26년 동안 고려중앙학원 주무이사였다. 할아버지 김상만은 1982년 11월 6일부터 1994년 1월 26일까지 11년 2개월 동안 5~8대 이사장을 지냈고, 아버지 김병관도 1999년 3월 5일부터 2005년 6월 15일까지 6년 3개월 동안 11~12대 이사장이었다. 김재호가 16대 이사장 자리에 있는 것도 7년을 넘어섰고. 특히 2012년 5월 24일 김재호가 이사장이 된 뒤 2018년 5월 3일까지 고려중앙학원 이사회가 35번 열렸는데 모든 안건을 김재호가 발의한 것으로 드러났다. 발의된 안건은 대부분 모든 이사가 찬성해 결의했을 뿐만 아니라 김재호가 이사장이 되기 전 이사회도 같은 흐름을 탄 것으로 보였다. 서울행정법원도 그리 보인다고 판단했다.

그랬음에도 서울행정법원은 2018년 11월 9일 동아일보 손을 들어줬다. 법원이 읽어낸 법 테두리가 시민 상식에서 동떨어진 건 아닐까. 방송통신위원회가 서울행정법원 판결을 받아들이지 않은 채 항소·상고한 까닭으로 읽혔다. 김재호가 고려중앙학원을 지배하는지를 두고 벌이는 다툼. 시민 눈엔 어찌 비칠지 자못 궁금하다.

방송통신위원회에겐 아픈 구석이 있다. 2011년 4월 채널A 방송 사업을 처음 승인한 뒤 13개월 만인 2012년 5월 김재호가 고려중앙학원 이사장이 됐을 때 방송법 관련 특수관계자 지분 제한 규제에 얽힐 수 있음을 알지 못한 것. 정말 알지 못했던 것인지 의문이긴 한데, 어쨌든 다시 1년 10개월 뒤인 2014년 3월 채널A 방송 사업을 재승인할 때에도 동아일보와 김재호와 고려중앙학원이 방송법 8조 3항 규제에 따른 특수관계자 사이일 수 있는 걸 짚지 못했다.

2012년 5월이면 이명박 정부 때. 방송통신위원회 위원장은 이계철. 1967년 행정고등고시 5회로 공직에 발을 들여 체신부에서 잔뼈가 굵은 뒤 정보통신부 차관까지 지냈다. 오랜 방송통신 행정 이력에도 동아일보가 방송법 테두리를 벗어났는지를 두고 따져보지 않았다. 아예 몰랐을 개연성이 있고. 그때 방송통신위원회 방송정책국장은 김준상. 여기저기서 "종편 산파"로 불렸을 만큼 종합편성방송채널사용사업 규제에 밝았음에도 채널A 지분 짜임새가 바뀐 걸 알지 못한 성싶다. 2013년 7월 김준상으로부터 방송정책국장 바통을 넘겨받은 정종기도 매한가지. 그는 2014년 3월 박근혜 정부 방송통신위원장 이경재를 도와 채널A 방송 사업을 재승인할 때 특수관계자 지분 관계를 제대로 살펴보지 않은 듯했다. 2015년 4월 정종기 뒤를 이어 방송정책국장이 된 전영만 또한 마찬가지.

그러다 2016년 2월 박근혜 정부 방송통신위원장 최성준 아래 방송정책국장이 된 김영관이 2017년 2월 채널A 방송사업의 두 번째 재승인을 준비하다가 2012년 5월 24일부터 동아일보와 고려중앙학원 지분이 방송법에 어긋났을 수 있음을 알게 됐다. 아니, 어긋난 것으로 봤다고 해야겠다. 그가 그해 8월 31일 시정명령 안을 방송통신위원회 의결 안건으로 올렸으니까.

이쯤에서 도무지 이해하기 어려운 게 솟는다. 김영관은 왜 2017년 2월 동아일보의 채널A 지분이 '일간신문의 방송사업 겸영 제한'처럼 무거운 규제에 어긋난 것으로 봤음에도 두 달 뒤 두 번째 재승인 작업을 해줬을까. 그해 8월 31일 시정명령을 내기 전이었다. 방송통신위원장 최성준은 이런 흐름을 몰랐을까.

답답하다. 물음표가 자꾸 솟아서. 박근혜 정부 방송통신위원장 이경재와 최성준을 빼고는 다들 방송통신 행정에 밝은 행정고등고시 출신 방송정책국장이었는데 채널A와 동아일보와 고려중앙학원과 김재호 사이의 관계를 몰랐을까. 놀랍게도 다들 서울대학교 선후배 사이. 서로 말 잘 통하고 일 바통도 잘 이었을 듯싶은데 어느 한 사람 그걸 짚지 못했다니 믿기지 않는다. 특히 이경재는 동아일보 기자였고 논설위원까지 지냈음에도 몰랐다는 얘기 아닌가. 잘 알았음에도 모른 척했다면 더욱 큰 문제일 터. 이명박 정부 방송통신위원장 이계철은 고려대학교 법학과를 나왔다. 한데 2012년 5월 24일 김재호가 고려중앙학원 이사장이 됐을 때 무엇이 어찌 바뀌어 달라질지 몰랐을까.

어느 것 하나 속 시원히 밝혀진 게 없다. 방송통신위원회가 그때 무엇이 어찌 잘못됐던 건지를 살핀다는 얘기도 아직 듣지 못했고. 혹시 이런 게 한국 중앙행정기관 감찰 습속이런가. 스스로 움직이지 않고 세월에 묻히길 바라는 거. 조용해지길 기다리는 거. 이제라도 잘못을 밝혀 책임을 묻고 반성하며 공익에 이바지할 바탕을 새로 다져야 하지 않을까. 그리해야 옳다고 나는 본다. 스스로 할 수 없다면 검경에 맡기기라도 하라. 검경이 미덥지 않으면 고위공직자범죄수사처를 만드는 데 힘 보태는 게 좋겠다.

제보자 Z

제보자 Z. 2018년 10월 10일 자 뉴스타파 기사 「동아일보, 채널A 지분소유 제한 법령 어긴 채 '6년째'」덕에 만났다. 이튿날 그로부터 첫 이메일이 날아왔으니까. Z는 자신이 가진 동아일보 관련 자료에서 왜 방송통신위원회 쪽 사람이 등장하는지 궁금했는데 마침 뉴스타파 보도를 본 뒤 두 곳이 서로 이어질 만한 고리를 찾을 수도 있을 것으로 기대했다. 채널A 방송사업 승인과 재승인 편의를 봐준 데 따른 뒷거래 같은 게 숨어 있지 않은지 뉴스타파와 함께 짚어보고자 한 것. 제보 알맹이부터 살펴야 했다.

동아일보 사장 김재호와 방송통신위원회 서기관 M이 공개되지 않은 비상장 주식 관련 정보로 큰 차익을 거뒀다는 게 제보 알맹이. 2015년 1월과 7월 사이 벤처기업 올리패스 주식값이 크게 흔들릴 만한 정보를 미리 알아 수천만 원에서 수억 원대 차익을 챙겼다는 것. 사실이라면 부당 거래일 개연성이 엿보였다.

제보 알맹이가 하나하나 실체를 드러내면서 김재호와 M의 올리패스 주식 부당 거래 의혹이 뚜렷해졌다. 무엇보다 Z가 가진 자료가 깊고 확실했기 때문. 중소기업청과 서울남부지방검찰청이 손에 쥔 마이다스동아인베스트먼트의 '비상장 장외시장 부당 거래 현황'과 같은 자료였다.

마이다스동아인베스트먼트는 2013년 5월에 생긴 창업투자회사로 자본금은 70억 원. 마이다스동아가 지분 57.14퍼센트를 가졌고, 김재호도 28.6퍼센트를 댔다. 김재호는 마이다스동아 주식 89.95퍼센트를 가진 동아일보의 대표이사이기도 하니 지배력이 커 보였다. 일간신문과 종합편성방송채널사용사업자를 겸영하는 언론사가 창업투자회사까지 가졌다? 드문 일이었다.

김재호는 2015년 1월 22일 올리패스 대표이사 정 아무개의 배우자로부터 5,625주를 9,330원씩 5,248만 1,250원에 사들였다가 17일 만인 그해 4월 2일 2,000주를 팔았다. 한 주에 4만 원씩 8,000만 원어치. 원금을 거둬들인 건 말할 것도 없고 2,751만 8,750원이나 차익을 냈다. 2,000주만으로. 2014년 10월 올리패스가 미국 제약기업 브리스톨마이어스퀴브와 기술 제휴를 맺었다는 소식 덕에 주식값이 오른 결과였다. 김재호가 2,000주를 팔았을 무렵 올리패스와 브리스톨마이어스퀴브 사이 계약이 삐걱이기 시작했는데 시장에 알려지진 않았다. 하여 올리패스 주식값은 2015년 5월 6만 원, 7월 말 16만 원까지 치솟았다.

방송통신위원회 서기관 M도 같은 날 같은 사람으로부터 올리패스 주식 5,625주를 같은 값에 샀다. M은 166일 만인 2015년 7월 7일 2,000주를 팔았다. 한 주에 15만 원씩 3억 원어치. 2,000주만으로 원금 차익이 2억 4,751만 8,750원에 이르렀다.

김재호와 M의 놀라운 주식 투자 재간은 마이다스동아인베스트먼트 임원 N 덕일 개연성이 엿보였다. 올리패스 주식을 산 날과 양이 같았고, 2,000주만 판 것 따위를 헤아릴 때 N이 거래를 맡아 했을 듯싶은 것. N이 올리패스 경영진과 꾸준히 접촉했던 데다 M의 배우자인 것도 이런 정황에 힘을 보탰다. 특히 주식을 팔아 치울 무렵 올리패스와 브리스톨마이어스퀴브 사이 계약이 흔들린 나머지 올리패스로 들어올 돈이 멈추기 시작했으되 밖으로 알리지 않은 터라 미공개 정보를 이용한 부당 거래 의혹을 샀다.

이상한 벽

　서울남부지방검찰청 금융조사1부(부장 오현철)는 2018년 10월 3일 서울 청계천로 동아미디어센터 18층 마이다스동아인베스트먼트 사무실을 압수수색했다. 마이다스동아인베스트먼트 임원 N의 PC와 휴대폰 따위를 살핀 것으로 확인됐다. 그달 25일 뉴스타파 기사 「김재호 동아일보 사장과 방통위 간부, 비상장 주식 부당거래 의혹」이 보도됐다. 이튿날 KBS가 검찰 관계자 입을 빌려 "(N이) 비상장 주식을 사고팔아 자본시장법이 아닌 사기 혐의를 적용해 수사하고 있고, 현재는 수사 초기 단계"라고 인터넷 뉴스로 알렸고. 압수수색에서 얻은 증거물 분석을 마치는 대로 N이 미공개 정보를 다른 사람에게로 넘겼는지도 수사할 방침이라는 얘기까지 담아냈다.

　검찰은 실제로 N을 한 차례 불러들여 조사했다. 그가 미공개 정보를 넘겼을 만한 다른 사람에는 마땅히 김재호와 M이 포함됐을 터. 한데 김재호를 조사하지 않은 것으로 들렸다. 얼마 뒤 검찰이 M을 기소하지 않은 채 사건을 매조진 것으로 알려졌고.

　거참 이상한 벽이 섰다. 동아일보 쪽에서 팔 걷어붙이고 대응한다더라는 얘기가 꾸준히 들리긴 했지만 아무려면 검찰이 기소조차 하지 않을 줄이야. 김재호를 제대로 조사하지도 않은 채.

동아일보 사장 김재호는 2009년 6월에도 주식 불법 거래 의혹을 샀다. 2008년 1월 25일부터 그해 8월까지 OCI―옛 동양제철화학―관련 미공개 정보로 부당한 차익을 거뒀다는 것. 금융감독원 '수사통보'에 따라 서울중앙지방검찰청 금융조세조사1부(부장 김강욱·전현준)가 2009년 12월 15일에야 김재호를 피내사자로 불러 조사했다. 자본시장과 금융투자업에 관한 법률 위반 혐의. 한데 5개월 뒤인 2010년 5월 14일 검찰은 '혐의 없음'으로 김재호 조사를 끝내고 말았다.

참여연대는 이를 "검찰 수사 의지가 의심되는 사건 가운데 하나"로 꼽았다. 김재호가 OCI 주식을 처음 산 게 2008년 1월 25일이었지만 1년 7개월이 흐른 2009년 6월 24일에야 '수사통보'됐고, 금융당국 관계자로부터 동아일보 쪽 사람이 법률 대리인들과 함께 금융위원회와 금융감독원 간부를 따로 만났다는 얘기가 전해져 로비 의혹이 불거졌다는 것. 금융위원회 아래 자본시장조사심의위원회에 '검찰 고발'로 올라온 안건이 '수사통보'로 낮아진 것에도 로비나 압력 의혹이 일었다고 참여연대는 덧붙였다.

2009년엔 김재호를 검찰청으로 불러들이기라도 했다지만 2018년은 감감. 조용했다. 그가 고려중앙학원 이사장이어서 예우하는가. 설마. 그가 채널A 사장이어서 주춤대나. 설마. 그가 백년 묵은 동아일보 창업자 후손이자 사장이어서 두려운가.

마이다스동아인베스트먼트 임원 N의 배우자 M—방송통신
위원회 서기관—을 조사하긴 했나. M의 친동생 배우자는 2015
년 9월 15일 마이다스동아스노우볼투자조합으로부터 비상장
벤처기업 노바렉스 주식 1억 9,999만 2,000원어치를 사들인 뒤
42일 뒤 3억 7,711만 8,000원에 팔아 차익이 1억 7,712만 6,000
원에 닿았다. 42일 만에 1억 7,712만 6,000원. 마이다스동아스
노우볼투자조합과 M의 동생 배우자 사이 주식 거래를 N이 맺
어줬을까. N은 여러 질문에 아무런 대답도 하지 않았다. M은 동
생 배우자의 주식 투자를 두고 "제가 직접 한 게 아니기 때문에
정확한 내역 같은 걸 알고 있지 않다"고 말했을 뿐이고. 나는 M
이 이상한 주식 투자 때문에 공직에 오점을 남기지 말길 바라 마
지않는다. M은 지금도 공무원이다.

회전문

2017년 8월 8일 오후. 뙤약볕 짊어진 채 정부과천청사 고객
안내센터에서 주차장으로 내려가는 오남석이 보였다. 2015년
부터 2년쯤 국회 미래창조과학방송통신위원회 새누리당 수
석전문위원이었고, 1989년 행정고등고시 33회로 공직에 들어

26년 동안 체신부와 정보통신부와 방송통신위원회에서 잔뼈가 굵은 사람. 그해 2월 김앤장 법률사무소 고문이 됐다는 얘기를 듣긴 했지만 얼굴을 보기로는 오랜만. 그를 불렀다.

"그냥 밥 먹으러 왔다가….."

"어디, 과기부요?"

"방통위. 그냥 가기 뭐해서 잠깐 들어갔다 나오는 길이에요."

오랫동안 방송통신위원회 공무원이었던 오남석이 김앤장 고문이 돼 옛 동료와 점심을 함께 먹은 뒤 청사에도 들렀다는 얘기. 그럴 수 있다. 얼마든지 그럴 수 있을 텐데. 얼개가 껄끄러운 건 어쩔 수 없다.

오남석은 2008년 10월부터 1년 3개월 동안 이명박 정부 방송통신위원회 운영지원과장이었다. 인사 행정을 맡아 하던 곳이라 "가만히 앉아 있기만 해도 그 사람 앞에 줄이 선다"던 자리. 방송통신위원회 위아래 직원과 두루 말마디를 주고받는 게 맡아 하던 일. 운영지원과장 일을 끝낸 뒤엔 앞사람들처럼 고위 공무원이 돼 전파기획관, 방송기반국장, 이용자정책국장으로 자리를 높였다. 통신기업 경품 위법행위 봐주기 의혹에 얽혀 감사를 앞뒀던 박○○ 안부까지 내게 전할 정도였으니 그는 방송통신위원회 안팎 흐름에 밝았다. 김앤장이 그를 고문으로 부리는 까닭일 테고.

오남석은 "클라이언트 얘기는 (기자에게) 못해요. 고객 입장에서 얘기해야 하니까. 고문이든 전문위원이든 회사 이익에 위배되면 안 되죠. 회사 입장에 반대되는 얘기를 어떻게 하겠습니까"라고 말했다. 그가 말한 '회사'는 김앤장. 자신은 이제 김앤장이 맡은 소송이나 자문 계약을 돕기 위해 말하고 움직인다는 뜻. 김앤장은 고객을 위해 '입법에 영향을 줄 움직임'까지 마다하지 않으니 오남석이 하는 일도 그만큼 넓고 깊은 것으로 읽혔다.

노준형. 그도 김앤장 고문이다. 1977년 행정고등고시 21회로 공직에 들어 경제기획원에서 잔뼈가 굵은 뒤 1994년 김영삼 정부 정보통신부로 자리를 옮겼다. 2005년 1월부터 2007년 8월까지 2년 7개월 동안 노무현 정부 정보통신부 차관과 장관을 잇따라 지내 공직 꼭짓점에 닿았다. 2012년 1월 김앤장으로 갔고.

노준형은 2014년 1월 3일 "사실 최시중 후임 제안이 있었다"고 밝혔다. 2012년 2월 측근과 자기 비리 의혹 때문에 스스로 물러난 최시중 뒤를 이어 이명박 정부 방송통신위원장이 될 뻔했다는 얘기. "하지만 고사했다"고. 자신이 "참여 정부 정무직"을 맡아 했던 사람이라서 거절하는 게 도리라고 생각했다는 것. 이른바 '김앤장 회전문'을 돌아 나와 다시 공직을 맡은 이가 많았는데 그는 달랐다. 8년째인 노준형의 김앤장 삶이 어떻게 얼마나 더 이어질까. 흥미롭다.

이기주와 서병조. 둘도 김앤장 고문이었다. 1981년 행정고등고시 25회로 나란히 공직에 들었다. 경제기획원에 있던 서병조가 1996년 정보통신부로 자리를 옮기면서 이기주와 한 지붕을 썼고. 같은 학교 같은 과 친구 사이였던 데다 김앤장에 있던 시간—2010년—이 겹치기도 했다.

이명박 정부 1급 고위 공무원—실장—이었던 둘은 '김앤장 회전문'을 돌아 나와 다시 공직에 들었다. 서병조가 2011년 12월 이명박 정부 국가정보화전략위원회 운영지원단장과 2015년 3월 박근혜 정부 한국정보화진흥원장과 2019년 1월 문재인 정부 인천경제산업테크노파크 원장이 된 것. 이기주도 2012년 9월 이명박 정부 한국인터넷진흥원장과 2014년 3월 박근혜 정부 방송통신위원회 상임위원이 됐다.

석호익. 그도 김앤장 회전문을 돌아 나왔다. 노준형처럼 행정고등고시 21회로 공직에 들어 체신부와 정보통신부에서 잔뼈가 굵었고, 1급 고위 공무원까지 자리를 높였다. 2008년 5월 김앤장 고문이 된 뒤 1년 만인 2009년 5월 회전문을 돌아 나와 2011년 9월까지 KT 부회장이었다. 2012년엔 19대 국회의원 선거에 나서 다시 공직에 들 틈을 엿보기도 했고.

김앤장뿐이랴. 공무원을 위해 '회전문'을 만들고 잘 돌게 기름칠해둔 법무법인이 많다. 법무법인으로 들면 로비스트요 공직으로 나서면 다시 공무원이 되는 문. 누가 어느 회전문을 돌아 나왔는지 따위는 문을 마련한 쪽이나 돌린 사람이나 금세 잊고 사는 듯싶다.

시간이 흘러 자리가 높고 무거워질수록 퇴직 공직자—또는 로비스트—말마디 힘도 세지는 도돌이표 짜임새. 공직자윤리법에 달리 까닭이 있어 '재산 등록 의무자였던 공무원이 퇴직하기 전 5년 동안 속했던 부서나 기관의 일과 가깝게 맞닿아 얽혔던 곳엔 퇴직한 날로부터 3년 동안 취업할 수 없게' 정해뒀겠는가. 그리해뒀되 '퇴직 전 5년이나 퇴직한 날로부터 3년' 따위로는 도무지 막아낼 수 없는 일이 잦으니 어찌해야 좋을까. 오로지 퇴직하는 공직자 양심에 맡겨야 하나. 취업 제한 기준을 더욱 딱딱하게 다지고 길게 늘여야 할까. 누구나 직업을 자유로이 고를 수 있다지만 공직에 있던 사람은 좀 더 무겁게 움직여야 옳다.

유영환. 1977년 행정고등고시 21회로 공직에 들어 경제기획원에 있다가 노준형 권유로 1996년 김영삼 정부 정보통신부로 자리를 옮겼다. 노준형과는 행정고등고시 동기지만 나이 차이가 있어 형과 아우처럼 지냈고. 2004년 노무현 정부 산업자원부 산업정책국장에 닿은 뒤 퇴직해 2005년 3월부터 1년 동안 한국투자금융지주 부사장이었다. 2006년 3월부터 2008년 2월까지 2년 동안 노무현 정부 정보통신부 차관과 장관을 잇따라 지냈고. 2008년 3월 법무법인 태평양에 고문으로 갔다가 2010년 3월 다시 한국투자증권 부회장이 됐다. 한국투자증권 회전문을 돌린 셈. 태평양에 갔던 건 짚어둘 일이고.

법무법인 고문 이력을 짚어둬야 하는 건 뒷심 때문. 방송통신 쪽 규제 당국인 방송통신위원회와 과학기술정보통신부에 미칠 만한 고위 공무원 퇴직자의 힘. 법무법인 쪽 말로야 그 힘을 뒷배로 삼지 않는다 하나 방송통신위원회와 과학기술정보통신부 공무원 눈엔 옛 선배―고위 공무원 출신 법무법인 고문―까지 다 보이게 마련 아닌가. 때론 몇몇 고문으로부터 "오랜만에 밥 한 끼 같이하자"는 전화가 오기도 하고.

법무법인이 소송을 대리하거나 자문해주는 곳은 주로 기업. 공익보다 기업에 도움이 될 개연성이 큰 다툼에 힘을 보태는 고위 공무원 출신 법무법인 고문이 많겠기에 나는 지금도 수첩에 꼼꼼히 적어둔다. 누가 어느 법무법인에 고문으로 있는지. 누가 어느 기업에서 대관―국회나 중앙행정기관 접촉 협력―업무를 맡아 법무법인을 돈으로 부리는지.

취재 수첩을 좀 더 열어보자. 형태근. 이명박 정부 방송통신위원회 상임위원―차관급―이었다가 법무법인 율촌 고문이 됐다. 김준상. 이명박·박근혜 정부 방송통신위원회 방송정책국장이었는데 율촌 고문으로 갔다. 둘 다 아직 회전문을 돌아 나오지는 않았다. 송도균. 이명박 정부 방송통신위원회 부위원장이었다가 태평양 고문이 됐다. 2019년 지금도 그 자리에 있고. 윤종록. 체신부 공무원이었는데 KT 부사장으로 몸을 키웠고 박근혜 정부 미래창조과학부―옛 과학기술부 더하기 정보통신부―2차관을 거쳐 정보통신산업진흥원장을 지냈다. 2010년 8월 31

일 이스라엘 책『창업국가』를 번역해 한국에 낸다며 "공항에 지금 내리자마자 전화드립니다. 과거 (가진 게) 농토뿐이었지만 40년 뒤 지식 농사를 짓는 이스라엘을 한국이 본받아야 합니다. 제2 새마을 운동을 벌일 때"라던 윤종록 말이 귓전에 맴돈다. 두 번째 새마을 운동이라니. 끔찍했다. 벽 너머에선 "새마을 운동"이란 말마디가 1970년대처럼 자연스레 오간 것일까. 2013년 1월 그가 박근혜 정부 대통령직인수위원회에 들어갔다는 소식에 나는 조금 놀랐다. 그해 3월 박근혜 정부 미래창조과학부 2차관이 됐다는 알림에 좀 더 놀랐고. 그가 정보통신진흥원장에서 물러난 뒤로는 수첩에 더 적어둔 게 없는 성싶다.

　최재유. 윤종록에 이어 박근혜 정부 미래창조과학부 2차관이 됐다가 법무법인 세종에 고문으로 갔다. 세종이 방송통신팀을 만들면서 몸을 섞었는데 아무래도 '변호사 동아리와 고문'이 법무법인 바탕 틀인 것 같다. 설정선. 이명박 정부 방송통신위원회 1급 고위 공무원이었다가 한국통신사업자연합회 상근 부회장을 거쳐 법무법인 광장 고문이 됐다. 둘 다 아직 법무법인 회전문 안쪽. 김동수. 노무현 정부 정보통신부 차관이었는데 광장에 머물다가 그만둔 뒤 2014년 지방선거 때 새누리당 청주시장 공천을 신청했다. 노무현 정부 정무직 공무원 출신이 새누리당을 찾아간 터라 입길에 오르내렸다. 유필계. 김동수와 함께 1978년 행정고등고시 22회로 공직에 들어 체신부와 정보통신부에서 잔뼈가 굵었고, 이명박 정부 방송통신위원회 1급 고위 공무원으로 자리를 높인 끝에 LG유플러스 부사장이 됐다. 2019년 7월로 12년째 LG에 머물렀다. 강대영. 노무현 정부 1급 고위 공무원이었다가 청호컴넷 사장을 거쳐 SK텔레콤 고문으로 자리를 옮겼다. 감감. 그를 두고도 수첩에 더 적어둔 게 없는 듯하다. 신용섭. 1980년 기술고등고시 16회로 공직에 들어 이명박 정부 방송통신위원회 상임위원을 지냈고, 2012년 11월 EBS 사장이 된 사람. 그는 방송통신위원회 상임위원이던 2011년 7월 1일 지하철 안에서 우연히 만난 내게 "나는 (퇴직한 뒤) 로펌엔 안 갈 거예요. 어디 갈 데 없겠어, 학교 교수나 이런 데"라고 말했다. 자기 말처럼 아직 법무법인에는 가지 않았다.

구구팔팔 백두산

행정고등고시 22회. 1978년 공직에 든 사람들. 앞서 짚은 이 가운데 형태근, 김동수, 유필계 들이다. 이름이 같되 사람은 다른, 이명박 정부 공정거래위원장 김동수도 있고. 박근혜 정부 교육부 장관이던 서남수가 동기회장을 맡기도 했다. 모두 258명─이 중 여덟은 수습 교육을 함께 받은 21회─인데 이명박·박근혜 정부와 새누리당에서 힘 좋던 국회의원 최경환도 있다. 20대 국회의원 정우택과 곽대훈과 이명수와 정유섭도 있고. 모두 자유한국당. 형태근과 최경환은 고등학교 친구 사이. 김앤장 법률사무소와 태평양을 비롯한 큰 법무법인에 몸담은 이들도 많다. 한때 한국광물자원공사 사장이었던 김신종이 눈에 띄고. STX그룹 부회장이던 신철식도 있다. 박근혜 정부 문화체육관광부 장관이던 유진룡도 눈길을 끌고. 최순실 국정 농단 사태 때 문화계 블랙리스트처럼 박근혜 정부 본디 모습을 드러내는 증언을 서너 차례 쏟아낸 그 유진룡이다.

이 사람들 행정고등고시 22회인 걸 기려 다달이 '22일'에 서울 종로구 내자동 한 식당에서 만나 점심을 함께했다. 오래전부터. 258명이 다 모이는 건 아니고 그때그때 열댓이나 스무 남짓 모였다. 형태근은 거의 모임에 나오지 않은 것으로 들렸고. 정보통신부 차관이던 김동수가 한동안 총무 구실을 했다.

"구구팔팔 백두산!" 2016년 11월 22일 모임에서 사회복지공동모금회 사무총장이던 박찬봉이 외친 건배사. "아흔아홉 살까지 팔팔하게 살다가 백 살에 두 발로 걸어 산에 가자"는 뜻. 2017년 9월 22일 모임에서 옛 문화체육관광부 국장이던 정규억도 같은 건배사를 했다. "구구팔팔, 이삼사!"도 나왔다. "아흔아홉 살까지 팔팔하게 살다가 이틀(2) 앓고 삼(3) 일 만에 죽자(死)"는 뜻. 2017년 10월 23일 모임에서 현대차정몽구재단 이사장이던 유영학이 외친 건배사였다.

　오랜 친구들 모여 반주 곁들인 점심으로 "구구팔팔" 친목 다지는 데에야 누가 뭐라 할 리 있을까. 한데 이 사람들 얼굴 마주하고 건배하며 웃는 데 머물지 않았다. 벽 뒤에서 남모르게—자기들끼리만 알아듣게—공익에 동떨어진 이야기와 움직임을 서슴지 않았다. 2017년 3월 22일 모임에서 '공지 및 기타 논의 사항'이라며 "자유한국당 원내대표 중책을 맡아 고군분투하는 정우택 동기께 아낌없는 박수와 격려를 드리며 임박한 대선에서 좋은 성과와 함께 큰 꿈 이루시기를 성원한다"는 말이 나온 것. '공지'이니 동기회에 널리 알리고, 뭘 어찌할지 '논의'도 해보자는 얘기 아닌가.

　그해 3월 22일이면 19대 대통령 선거 예비 후보 등록일이던 3월 10일로부터 열이틀이나 지난 뒤. 이틀 전인 3월 20일 선거일이 공고되기도 했던 터라 공직선거법을 어긴 공지였을 개연성이 컸다. 변호사 김보라미도 "공(직)선(거)법 제254조 제2항에 따른 사전선거운동으로 해석될 여지가 크다"고 짚었다. "정우택 원내대표"와 "자유한국당"이 지지 대상으로 특정됐고, "아낌없는 박수와 격려를 드리며 대선에서 좋은 성과와 함께 큰 꿈 이루시기를 성원한다"는 지지 말이 명시됐기 때문이라는 것. 그는 "행시 22회 250여 명 전체를 대상으로 별도 소식지의 공지 형태로 제공됐으므로 (공직선거법 규제 대상이 아닌) '일상적·의례적·

사교적인 행위'로도 해석되기 어렵다"고 봤다.

그때 행정고등고시 22회 동기회장—옛 경상남도 행정 부지사—이던 공창석은 정우택 성원 공지를 두고 "기억이 잘 안 난다"며 "(자유한국당 말고) 다른 (대선) 캠프에 있는 동기들도 있어 회장은 그런 얘기를 할 수 없다"고 말했다. 그럼 누가 한 말이었을까. 동기회 소식지에 '공지 및 기타 논의 사항'을 적어 넣은 옛 정보통신부 차관 김동수도 자신이 한 말이 아니라 했다. "동기가 (자유한국당) 원내대표를 맡았으니까 잘하도록 마음으로 성원해주자, 그런 얘기가 있었을 것"이고 "당연히 (동기) 회장이 거기서 그런 얘기를 한다"고 말했다. LG유플러스 부사장 유필계는 "만날 그런 공지 해요. 여당 야당 할 것 없이 동기들이 국회의원이 되거나 장관이 되거나 (청와대) 수석이 되면 그 양반을 위해서 우리 모두 축하해주자, 도와주자, 덕담으로 만날 한다"고 말했다. 공창석이 했되 잊혔거나 잊힌 것처럼 말했을 개연성이 엿보였다.

유필계 말처럼 "만날 해도" 좋을 얘기였을까. 날마다 그런 이야기를 주고받을 만큼 행정고등고시 22회 동기가 허물 없는 사이라는 건 잘 알겠다. 하지만 오랫동안 고위 공직자였고 지금은 큰 기업 부사장이거나 사장이요 큰 법무법인 고문이요 무슨무슨 행정사사무소 대표요 구청장이요 시장이요 군수요 정당 원내대표요 국회의원이요 하는 사람끼리 주고받으며 손뼉 칠 만한 얘기인가, 그게. 회전문 돌려 장관이나 청와대 수석 비서관 같은 공직에 다시 나설 수도 있는 사람들끼리 주고받을 만한 얘기는 아닌 듯싶다. 벽 뒤에서 자기들끼리 주고받는 말이어서 문제 될 게 없다 여겼을까. 공직선거법을 흔드는 몇몇 말마디는 아주 작은 조각에 지나지 않았을 듯싶다. 자기들끼리만 주고받은—끝까지 입 다물어야 할—더욱 무거운 이야기가 벽 너머에 따로 옹송그린 건 아닐까.

"구구팔팔, 백두산!" 아주 작은 조각에 지나지 않지만 때론 벽 너머 말마디가 들리기도 했다. 하여 벽에 찰싹 달라붙고는 했는데 내겐 그걸 깨뜨려 넘어뜨릴 만한 망치가 없었다. 한데 호루라기. 벽 너머에서 들려온 알림 소리. 내 손엔 때때로 '호루라기로 빚은 망치'가 들렸다. 아주 가끔.

남은 벽 앞에 나는 다시 섰다. 뭘 좀 들을까 귀 대고. 뭘 좀 볼까 까치발로 넘겨다 보며. 어딜 좀 넘어뜨릴 수 있을 성싶으면 여기저기 밀어볼 생각이다. 깨뜨려야 할 것 같으면 망치로 좀 두들겨 보고. 그리해둬야, 내가 다 못 해도, 뒷날 누군가 듣고 보며 깨뜨릴 때 한결 나을 테니까. 호루라기 소리가 크면 망치도 커질 터.

"여러분, 기자에게 말씀해주세요."

남은 벽 앞에서

2014년 한여름부터 겨울로 들어설 때까지 나는 서울 영등포 전자신문 앞에서 손팻말을 들었다. 부당히 해고된 걸 세상에 알리려. 꼿꼿이 서기 위해. 부끄러운 자 반성하고 잘못된 것 바로잡으라고.

볕 바람 비 따위가 하루하루 다른 걸 잘 알게 됐을 즈음. 툭. 한때 좋은 선배로 알았던 자가 제 오른쪽 어깨로 내 손팻말 오른쪽을 치고 지나갔다. 실수였을까. 일부러 그랬나. 그자는 나를 부당 해고한 인사위원 가운데 하나. 툭툭. 비열한 눈초리와 말과 몸짓으로 나를 꾸준히 건드렸다.

그뿐이었으랴. 나와 눈 맞추지 않고 말 건네지 못한 채 어금니 사리물며 돌아서는 자가 많았다. 선배로 알던 자. 후배로 알던 자. 벽 뒤에 옹송그린 채 하루빨리 이은용이 전자신문에서 사라지길 바랐겠지. 빨리 내보낼 길 트려 했을 테고.

내겐 그러나 버팀나무가 많았다. 전국언론노동조합 전자신문 지부장 김유경. 나란히 전자신문과 맞서 나를 끌고 받쳐 버텼다. 그는 돌꽃노동법률사무소 대표 노무사가 돼 여전히 노동자와 나란하다. 전자신문 후배 조윤아, 황지혜, 최순욱, 오은지. 부당 해고된 내게 큰 힘 북돋워줬다. 전자신문 쪽에서 해코지할까 걱정돼 이름을 내보일 수 없는 여러 후배. 고맙다. 한두 선배도. 덕분에 나는 꿋꿋했다. 지금도 전자신문에 몸담고 있는 몇몇은 소중한 언론 자유와 공정 보도 불씨이리라. 언젠가는 살아나 활활 타오를 거라 믿는다. 2015년 1월 김유경이 전자신문을 떠난 뒤 전국언론노동조합 전자신문 지부는 중앙 행사와 회의와 집회에 한 차례도 얼굴을 내밀지 않았다. 언론 노동자와 함께 어깨 걸고 나갈 생각이 없는 걸까. 2019년 취재 현장에서 마주친 전국언론노동조합 전자신문 지부장에게 "너희는 왜 언론노조 행사에 참여하지 않느냐"고 물었더니 어금니 사리물고는 고개를 돌리고 만다. 할 말 없던 모양. 그가 전자신문 노동조합 위원장으로 왜 나섰는지 도무지 모를 일이다.

제7대 전국언론노동조합 위원장 강성남. 내 부당 해고 사태 앞뒤로 오랫동안 든든한 버팀나무였다. 제7대 전국언론노동조합 수석부위원장 이경호. 나를 두고 "박근혜 정부 들어 첫 해직 기자"라고 일컬어 내가 딛고 선 곳이 어디인지를 제대로 짚어보게 했다. 제7대 전국언론노동조합 민주언론실천위원장 최철. 김유경 전자신문 지부장이 내게 "최철 위원장이 선배 걱정을 많이 한다"고 알렸다. 내 손팻말 시위에 두 차례나 함께했고 술잔도 나누며 힘 북돋우려 애쓴—고마운—기자다. 제7대 전국언론노동조합 MBC 본부장 이성주와 KBS 부본부장 함철, 경향신문 지부장 권재현과 CBS 지부장 김상철, 한국방송광고진흥공사 지부장 조준희, YTN 지부장 권영희, OBS 지부 사무국장 이무섭이 전자신문 앞으로 달려와 내 부당 해고 손팻말 시위에 함께했다. 그때 언론개혁시민연대 사무총장이던—지금은 정의당 국회의원—추혜선과 대외협력위원 정인섭도 손팻말을 함께 들어줬다. 모두 잊지 못할 언론 노동자요 투사였다.

제7대 전국언론노동조합 KBS 본부에선 조합의 한 달 치 투쟁기금을 이은용 복직 투쟁에 쓰라며 전자신문 지부에 건네주셨다. MBC 본부와 SBS 본부, CBS 지부와 스카이라이프 지부, 아리랑TV 지부와 한국경제TV 지부에서도 도와주셨고. 연합뉴스 지부장—지금은 제10대 전국언론노동조합 위원장—오정훈도 한걸음에 달려와 전자신문 지부에 힘을 보탰다. 제7대 전국언론노동조합 조직쟁의실장 탁종렬과 조직부장 김민아. 따뜻한 말과 품으로 나를 감쌌다. YTN 기자 김종욱과 권석재. 어깨 걸고 술잔 나누며 함께 웃었다. 제2대와 3대 전국언론노동조합 위원장 신학림. 내 걱정거리와 한숨을 모두 삼키며 호쾌했다.

제8대와 9대 전국언론노동조합 위원장 김환균. 복직 싸움 끝에 전자신문으로 돌아갔으되 인천 송도로 유배된 내가 부당한 인사 발령을 두고 다툴 때 버팀나무였다. 전국언론노동조합 조직쟁의실장 백재웅. 부당 해고 사태 때부터 내내 애썼다. 민주노총 서울본부 노동법률센터 노무사 이호준. 부당 해고 사태와 복직 뒤 부당한 인사 발령과 부당노동행위를 두고 전자신문과 다툴 때 나와 나란히 섰다. 지금은 한빛노동법률사무소 대표 노무사다.

동아자유언론수호투쟁위원회. 1974년 10·24 자유언론실천선언으로 박정희 독재에 맞서 일어선 선배들. 선배다운 선배. 정의로운 말과 움직임을 따라 배우다 보니 든든한 내 버팀나무로 섰다. 동아자유언론수호투쟁위원회와 1980년 해직 언론인 맥이 닿은 자유언론실천재단 사무국장 이영순. 그에게 고맙다. 부당해고 따위로 궁지에 몰린 노동자에게 무슨 말을 어찌 건넬지를 잘 아는 사람이다.

언론개혁시민연대 활동가 권순택과 희망연대노동조합 정책국장 박장준과 CBS노컷뉴스 기자 김수정. 미디어스 기자였을 때 전자신문과 내게 일어난 일을 꼼꼼히 들여다보며 세상에 알렸다. 미디어오늘 기자였던 김병철과 조수경, 미디어오늘 기자 김도연, 장슬기, 금준경, 한국기자협회보 기자 강아영 들도 꾸준히 전자신문에서 일어난 부당 해고 사태를 전했다. 주간경향 기자 이하늬. 미디어오늘 기자였을 때 전자신문을 떠난 나를 인터뷰하러 집 앞으로 찾아왔다. 다들 내가 앞으로 할 일, 꾸준히 취재하고 보도하는 삶을 살아야 한다는 걸 깨닫게 한 동료 언론 노동자다.

한겨레 논설위원 안영춘. 오랫동안 좋은 선후배 사이로 이어진 터라 심심할 때 아무 말이나 건넬 수 있는 사람이다. 한겨레 기자 이문영도 그렇고. 나와 함께 뉴스타파 객원기자였다가 지금은 미디어오늘 편집국장인 이정호. 조금씩 더 가까워진다.

뉴스타파 대표 김용진. 보고 배울 게 많은 선배이자 올곧은 언론인 지표다. 내가 걷고픈 길을 앞서 걸어가며 발자국을 남기고 있다. 뉴스타파 경영기획실장 김성근. 든든한 내 뒷배다. 특히 박근혜 정부 방송통신위원회, 시청자미디어재단과 맞설 때 단단한 버팀나무였다. 동아일보와 맞선 때에도 그가 있어 버텼다. 앞 두 다툼엔 민주노총법률원—법무법인 여는—변호사 김세희, 뒤 사건엔 법률사무소 위드 대표 변호사 강병국과 함께했다. 두 변호사는 뉴스타파 자문위원이기도 하다.

언론 자유 지킴이로 나서 한길에 선 사람들. 99퍼센트 시민과 함께 만리장성인들 무너뜨리지 못할까. 우리는 침묵 카르텔 벽 바깥에 어깨 겯고 섰다.

2019년 4월 3일 오후 7시 6분. 중앙행정기관 고위 공무원에게 문자메시지를 보냈다. '이은용입니다. 왜 제 전화를 받지 않으시는지 몹시 궁금하네요'라고. 응답 없어 8분 뒤 문자메시지를 하나 더 보냈다. '어떤 일 무슨 내용인지조차 알 것 없이 취재 자체를 거부하시는 건가요'라고. 그날 오후 4시 35분에 2통. 저녁 7시께 2통. 그는 내 전화를 모두 받지 않은 터였다. 그러고 보니 그는 2018년에도 내 전화를 한 차례 받지 않았다.

이튿날 아침 9시. 문자메시지를 하나 더 보냈다. '혹시나 '전화번호가 바뀐 걸까' 했는데 그렇진 않군요. 우선 몇 가지 여쭙겠다'고 한 뒤 묻고픈 걸 모두 물었다. 결국 통화가 이뤄졌다.

물을 것 묻고 들을 대답 듣기 전에 통화가 어려웠던 걸 두고 가볍게 옥신각신. 그가 말했다. "방송통신위원회 건도 있고 해서, 솔직히 이 기자님이 껄끄러운 건 사실입니다"라고. 방송통신상품 묶음판매 경품 위법행위 관련 취재와 보도에 따른 검찰의 방송통신위원회 수사 사태를 두고 한 말. 덕분에 나는 웃었다. 그는 내게 "솔직히" 말할 만큼 깬 공무원이다. 아예 입 다물고 돌아서 벽 뒤에 숨는 사람이 아닌 것. 그 같은 공무원 덕에 나는 침묵 카르텔 벽 뒤 짬짜미를 듣고 준동을 본다.

나는 벽 무너뜨릴 망치를 꾸준히 들 생각이다. 국고—과징금 150억 원—손실 사건의 검찰 수사가 1년 7개월 넘게 더딘 까닭을 깨야겠다. 전자신문 사장 구원모를 둘러싼 배임 의혹을 두고 검찰이 수사를 시작할까. 동아일보 사장 김재호가 고려중앙학원을 지배하지 않아 특수관계자가 아니라는 법원 판단에 이상한 틈이 있는지 꾸준히 살펴야겠다. 비상장 미공개 주식 정보로 큰 차익을 거둔 것으로 의심되는 김재호를 검찰이 제대로 조사하지 않은 까닭은 뭘까.

김대중 정부 때 의문사진상규명위원회가 생긴 뒤 군의문사

진상규명위원회와 진실화해위원회, 검찰과거사위원회, 경찰개혁위원회 등이 생겨났다. 5·18 진상규명위원회도 생겨야 할 테고. 깜깜하고 뼈아픈 과거를 제대로 밝혀 정의롭고 평화로운 내일로 갈 힘을 얻으려는 움직임. 한데 법조 때문에 미끄러지고 비틀린 때가 많아 애초 얻고자 한 걸 얻기는커녕 과거를 덮는 꼴이 잦았다. 검찰과 경찰 사이 수사권 좀 덜거나 보태고, 고위공직자범죄수사처도 만들자는데 검경 사이 정치권에서 다툼만 일어나니. 참으로 답답하고 갈 길 먼 한국 사회인 성싶다. 하니 어쩌랴. 정신 바짝 차리자.

한국에선 오로지 검사만 형사 사건 심판을 법원에 요구할 수 있다. 이른바 '기소권 독점'. 형사 사건 재판을 시작하고 계속할 힘을 검찰이 틀어쥔 것. 하여 범죄와 정의롭게 맞서야 마땅하다. 한데 상식에 어긋난 일을 많이 벌였다. 잘못을 깨달아 스스로 깨끗해질 능력도 없는 것으로 드러났고. 깨끗해지기는커녕 사건을 비틀고 감추느라 스스로 범죄를 저지르기도 했다. 후배 검사 추행한 안태근처럼. 제주 길거리에서 공연음란한 김수창처럼. 성폭행 일삼고 뇌물 받아먹은 김학의처럼. 중고등학교 때 친구를 스폰서로 두고 돈 받고 술 먹은 김형준처럼. 2018년 5월과 6월 법무부 성희롱·성범죄대책위원회가 살폈더니 법무부와 검찰 안 성폭력 사건이 110개나 됐다. 검사가 무거운 자리를 모두 차지하는 법무부와 검사가 꼭짓점인 검찰이 2차 피해 같은 것 없이 조직 안 성범죄를 스스로 잘 매조졌을까. 그러지 못했다. 기록과 증거물이 사라졌는가 하면 피해자를 억누르고 2차 피해까지 일으켰다. 제 머리 못 깎는 중인 셈. 김수창을 기소유예하고, 김학의에겐 "혐의 없다" 했던 검찰이다. 그럴진대 시민이 검찰 뜻을 다 믿어줄 수 있겠는가. 법조, 특히 검찰 본디 습속이 나는 궁금하다.

2006년 2월부터 2년 동안 6대 기상청장을 지낸 이만기가 국가과학기술자문회의 사무처장일 때―2004년 2월 13일―국회 앞에서 만난 내게 "이 기자님, 과학자의 '자'가 한문으로 뭔지 아세요?"라고 물었다. "사람 자(者)를 쓰죠"라는 내 대답. 이만기는 "예, 맞는데요. 우리나라 사람들은 그걸 '놈 자'라고 말했죠. 천시한 거예요. 기술자도 그렇고"라고 잇댔다. "변호사는 '선비 사(士)'를 써서 그나마 나은 편인데 판검사에게는 '일 사(事)' 자를 붙였어요. 양반집 집안일을 맡아보던 사람이나 기독 교회 집사와 동급으로 본 거죠. 우리는 오랫동안 말 잘하는 선비쯤 되어야 높이 쳐줬지, 과학기술자처럼 일 잘하는 사람들을 낮잡아 봤습니다. 일본에게 나라를 뺏긴 구한말 같은 때를 생각하면 참 안타까운 일이었죠"라고 덧붙이기도 했다. 가만히 듣던 나는 "기자도 '놈 자'잖아요. 그래서 다들 '기자놈, 기자놈!' 하는군요"라며 웃었다.

그 무렵 내가, 기사 입력 자판에 손가락 올려두고 숨부터 고르기 시작한 건 '부끄러움' 때문이었다. 붓 곧게 세운 척했으되 사실은 자판 위 손가락을 '기자놈'처럼 겉돌린 때가 많아 낯부끄러웠으니까. 때 묻은 글 읽을 독자께, 특히 짝과 내 유전자를 절반씩 품고 태어난 친구에게 부끄럽고 싶지 않아 숨 고르기가 날로 깊어졌다. 하여 침묵 카르텔에 맞서 '정론직필(正論直筆)'할 마음과 힘을 제법 다졌다 싶었는데, 이제 제대로 쓰기만 하면 될 것으로 생각했는데 웬걸, 여러 벽은 생각보다 높고 단단했다.

특히 검찰은 5리 안갯속이자 깜깜속. 무엇이 언제 어찌 이뤄질지 그 속을 도무지 알 수 없는 게 아닌가. 문재인 정부 법무부장관 조국의 둘레를 수사할 땐 득달같더니 박근혜 정부 방송통신위원장 최성준 조사엔 2년 가까이 꿍 구워 먹은 소식이다. 동아일보 사장 김재호를 두고는 검찰청으로 불러들이지도 않은 채 수사를 끝냈다. 박근혜 정부 시청자미디어재단 이사장 이석우의 온갖 비리에도 그 뜨르르한 '인지 수사'를 펼칠 생각이 전혀 없었던 듯싶다. 내내 조용했으니까. 큰 침묵 벽, 검찰. 여러 사건을 두고 이것저것 물었지만 "수사 중이라 말씀드릴 게 없다"는 말과 함께 깜깜한 철옹성 안에 옹송그리기 일쑤였다. 때맞춰 들려온 호루라기도 없었고. 고위공직자범죄수사처가 침묵 벽 너머 검찰과 법조 카르텔을 깰 시민의 첫 망치라고 나는 본다. 팔뚝에 힘 더 붙으면 법조와 기업과 행정기관 사이 짬짜미를 깰 쇠도리깨도 쉬 들릴 터. 그때엔 검찰의 기소권 독점 같은 것도 무너지리라. 나는, 깬 민주 시민을 등에 업고 길로 나설 테다. 벽 앞에 설 테다. 제대로 보고 들은 뒤 올곧게 쓰겠다. 누구에게나 고르고 판판한 한국 사회를 위해.

참고문헌

강양구 비롯한 12인, 『신화의 추락, 국익의 유령』, 한나래, 2006.

강양구·김병수·한재각, 『침묵과 열광』, 후마니타스, 2006.

강준만, 『갑과 을의 나라』, 인물과사상사, 2013.

강준만, 『미디어 법과 윤리』, 인물과사상사, 2016.

강준만·김환표, 『약탈 정치』, 인물과사상사, 2017.

권석천, 『정의를 부탁해』, 동아시아, 2015.

김남희, 『젊은 변호사의 고백』, 다산북스, 2013.

김두식, 『법률가들』, 창비, 2018.

김두식, 『불멸의 신성가족』, 창비, 2009.

김두식, 『헌법의 풍경』, 교양인, 2004.

김상봉, 『기업은 누구의 것인가』, 꾸리에, 2012.

김상봉 비롯한 15인, 『굿바이 삼성: 이건희, 그리고 죽은 정의의 사회와
    작별하기』, 꾸리에, 2010.

김성희, 『먼지 없는 방』, 보리, 2012.

김수박, 『사람 냄새』, 보리, 2012.

김수병, 『사람을 위한 과학』, 동아시아, 2005.

김영미, 『그들의 새마을운동』, 푸른역사, 2009.

김용진·박중석·심인보, 『친일과 망각』, 다람, 2016.

김용철, 『삼성을 생각한다』, 사회평론, 2010.

김인성, 『한국 IT 산업의 멸망』, 북하우스, 2011.

김인회, 『문제는 검찰이다』, 오월의봄, 2017.

김태유·신문주, 『정부의 유전자를 변화시켜라』, 삼성경제연구소, 2009.

김평호, 『미디어 발명의 사회사』, 삼인, 2019.

김형태, 『지상에서 가장 짧은 영원한 만남』, 한겨레출판, 2013.

김희수·서보학·오창익·하태훈, 『검찰공화국, 대한민국』, 삼인, 2011.

문재인·김인회, 『문재인, 김인회의 검찰을 생각한다』, 오월의봄, 2011.

민주사회를 위한 변호사 모임, 『쫄지 마 형사절차』, 생각의길, 2015.

새로운 사회를 여는 연구원, 『분노의 숫자』, 동녘, 2014.

박원경 비롯한 16인, 『판사·검사·변호사가 말하는 법조인』, 부키, 2006.

박점규, 『노동여지도』, 알마, 2015.

박찬수, 『청와대 vs 백악관』, 개마고원, 2009.

윤활식 비롯한 25인, 『1975』, 인카운터, 2013.

오명, 『30년 후의 코리아를 꿈꿔라』, 웅진지식하우스, 2009.

이상호, 『이상호 기자 X파일』, 동아시아, 2012.

이은용, 『미디어 카르텔: 민주주의가 사라진다』, 마티, 2010.

이은용, 『옐로 사이언스』, 이후, 2005.

이은용, 『종편타파』, 씽크스마트, 2019.

임영주 비롯한 24인, 『기자가 말하는 기자』, 부키, 2003.

정연주, 『정연주의 기록』, 유리창, 2011.

정연주, 『정연주의 증언』, 오마이북, 2011.

정용재·정희상·구영식, 『검사와 스폰서, 묻어 버린 진실』, 책보세, 2011.

정청래, 『정청래의 국회의원 사용법』, 푸른숲, 2016.

최경영, 『9시의 거짓말』, 시사인북, 2010.

최철, 『기자수업』, 컬처그라퍼, 2011.

프레드 로델, 이승훈 옮김, 『저주받으리라, 너희 법률가들이여!』, 후마니
타스, 2014.

한국과학문화재단, 『과학기술인! 우리의 자랑』, 영문, 2006.

한국탐사언론인회, 『세상을 깊게 보는 눈』, 황금부엉이, 2007.

한학수, 『진실, 그것을 믿었다: 황우석 사태 취재 파일』, 사회평론, 2014.

홍경령, 『어느 칼잡이 이야기』, 나남, 2013.

침묵의 카르텔

2019년 12월 13일 1판 1쇄

지은이 이은용

편집 이진·강변구·이창연 **디자인** 김민해
제작 박홍기 **마케팅** 이병규·양현범·이장열
홍보 조민희·강효원

인쇄 천일문화사 **제책** J&D바인텍

펴낸이 강맑실 **펴낸곳** (주)사계절출판사
등록 제406-2003-034호 **주소** (우)10881 경기도 파주시 회동길 252
전화 031)955-8588, 8558 **전송** 마케팅부 031)955-8595 편집부 031)955-8596
홈페이지 www.sakyejul.net **전자우편** skj@sakyejul.com
블로그 skjmail.blog.me **페이스북** facebook.com/sakyejul
트위터 twitter.com/sakyejul

값은 뒤표지에 적혀 있습니다. 잘못 만든 책은 서점에서 바꾸어 드립니다.

사계절출판사는 성장의 의미를 생각합니다.
사계절출판사는 독자 여러분의 의견에 늘 귀기울이고 있습니다.

ISBN 979-11-6094-525-6 03300

이 도서의 국립중앙도서관 출판예정도서목록(CIP)은
서지정보유통지원시스템 홈페이지(http://seoji.nl.go.kr)와 국가자료종합목록 구축시스템(http://kolis-net.nl.go.kr)에서
이용하실 수 있습니다. (CIP제어번호 : CIP2019048075)